「満州国」見聞記

リットン調査団同行記

ハインリッヒ・シュネー
金森誠也 訳

講談社学術文庫

Heinrich Schnee

VÖLKER UND MÄCHTE IM FERNEN OSTEN

Eindrücke von der Reise mit Mandschrei-Kommission

Deutsche Buch-Gemeinschaft
Berlin
1933

原著序

一九三一年秋、極東は世界注視の的となった。それ以来、日中両国は相争い、公式の宣戦布告こそなされなかったけれども、事実上戦争状態に入った。まず戦場となったのは南満州〔中国東北南部〕であったが、やがて、東北全域に拡大し、モンゴルの一部を含み、ついに万里の長城を越えて華北〔中国北部〕にまでひろがった。しかしこの事変の波紋はたんにドイツの数倍の面積を占める地域に直接及んだばかりではなかった。この事変は、極東の住人、すなわち世界全人口の三分の一を占める巨大な数の人々のみならず、他国の人々をも渦中に巻き込み、直接、間接にほとんど全世界に影響を与えた。

われわれドイツ人も、極東の動きに大きな関心を寄せている。たしかに、ドイツが中国大陸の中の旧租借地膠州湾で植民地経営にあたっていた時代は過ぎ去った。しかし、われわれは中国および日本との間に、きわめて密接な経済的文化的関係を結んでいる。日中両国に、また満州にも多数のドイツ人が居住し、ドイツ経済ならびにドイツ文化の極東における前哨として活動している。それとともに、現在は日本の委任統治下にある赤道北部のかつてのドイツ領南洋諸島の運命がどうなるかということも大問題である。

極東情勢の動きがわれわれドイツにとって重要な意味をもつ以上、いま極東で起こっている諸問題と、それが今後どう展開するかについて正しい認識をもつことは大切である。これはなかなか難しいことだ。極東では、ものの考え方や感じ方がヨーロッパとはまったく違っているうえに、距離がはなれており、しかも、ドイツ人を含めヨーロッパの人々で、極東の事物を自分の眼でたしかめた者は余りいないからである。

しかし、極東に住み、あるいはこの地域で暮らしたことのある人々でも、いったん中国なり日本なりに長らく滞在していると、どうしても自分が住んでいる国の国民を贔屓《ひいき》する傾向が出てくる。もちろん、日中両国民にしてみれば、全然別種の文化圏に属する国からの居住者の多くの同情を、獲得できるのは好ましいことだ。これは偉大な特性や、気高い品位をもつ民族にしてはじめて望みうることである。その半面、このことから、故国に大きな影響力をもつ外国人居住者が、一面的判断を下すという危険性がある。ドイツでも他の多くの国々でも、揺れ動く極東の紛争の中で、特定の国なり党派だけをひいきする傾向が新聞紙上に現れることは、このことからも説明できる。

私はこの本の中で、一九三二年に国際連盟から派遣されたリットン調査団の一員として得た個人的な印象に加えて、調査結果に基づき、極東情勢とは何かを伝えるとともに、その問題点について、不偏不党の立場から説明してみようと試みた。

七ヵ月半の旅行中、われわれ調査団は、中国、日本、満州のほとんどすべての指導的政治家や産業界、学界の多くのリーダーたち、その他各界有名人と接触した。われわれの任務はありとあらゆる情報や研究を通じ、これらの国々の政治的経済的な動きを認識することであった。その成果は一九三二年秋、リットン調査団の団長の名をとった「リットン報告」といわれる英語およびフランス語による厖大な報告として、付属文書とともに、国際連盟に提出された。リットン報告の主張は、本書の中でもとくに満州問題に関係する章、なかんずく第七章の中に示されている。

本書の中で、私は調査団とともに行なった旅行について記した。日本から中国を経て満州へ、満州から朝鮮を通って日本へ、ついで報告が完成したのち、中国、最後に満州を通ってドイツに帰る旅行記である。

ともあれ、われわれドイツ人にとっても、極東問題に目を向けることは大切である。極東といっても、われわれになんの関係もないというほど遠いわけではない。交通手段の発達は、たんに空間を縮小したばかりではなく、われわれを政治、経済、文化の面で、極東の国々と密接に結びつけた。ゲーテが「西東詩集」の中で言った言葉、「西と東はもはや分けられない」は、いまや中近東のみならず極東についてもあてはまる。

ハインリッヒ・シュネー

目次

「満州国」見聞記

リットン調査団同行記

第一章　日本の印象

五人の調査団

満州事変は一九三一年〈昭和六〉九月十八日に起こった。九月二十一日、中華民国政府は早くも国際連盟規約第十一条によって、この事件に対する国際連盟の注意を喚起し、さらに世界平和を攪乱《かくらん》するおそれがある情勢が拡大するのを防ぐため、緊急措置をとるべきことを提議した。中国および日本の代表者を交えた討議が何回も行なわれたあと、国際連盟理事会は五名の委員からなる調査団を極東に派遣することを決定した。(1) 委員の人選は連盟理事会議長によってなされた。中国および日本政府の同意を得たあと、この決定は一九三二年〈昭和七〉、連盟理事会によって最終的に確認された。

この調査団に加わった者は、まずイギリス人委員の元インド副総督リットン卿で、彼は父がインド総督であったとき、インドに生まれた。フランス人委員は、フランス植民地軍総監アンリ・クローデル将軍で、彼は北アフリカで軍隊生活を送り、数年間中国に滞在し、また最高軍事参議官の一員として一九二七年〔昭和二〕に再度（インドシナおよび中国駐在のフランス軍のもとに）旅行した。イタリア人委員は元駐独イタリア大使のH・E・アルドロバンディ伯爵で、伯爵はドイツの首都に滞在中、広範囲の人々と親交があった。

調査団にはアメリカ人委員フランク・ロス・マッコイ将軍も加わった。将軍は長い間、セオドア・ルーズベルト大統領の副官としてベルリンにいたこともあるが、軍隊生活は主にフィリピンですごした。ドイツ人の委員は私だった。私は何回も極東で暮らした。旧ドイツ領ニューギニアを皮切りにサモアなど南太平洋で長い年月を送ったけれども中国と日本はまだ自分の眼で見たことはなかった。(2)

ヨーロッパから派遣されたわれわれ四人の委員は一月二十一日、ジュネーブで同地駐在のアメリカ領事も加わる会合を開き、リットン卿を調査団長に選んだ。シベリア経由で極東に行くという最短コースをとる計画は、公式電報によって満州〔現中国東北部〕の鉄道が寸断されていることがわかったため中止された。そこでわれわれは次善の策としてアメリカ経由で行くことにした。

調査団の中には、政治、行政、軍事、外交、いずれかの分野に関する知識、経験を豊富に持ち合わせた人々が顔をそろえていたので、調査団の人選は申しぶんがなかった。そのうえ、異なった五ヵ国の委員で組織された調査団であったのにもかかわらず、一九三二年〔昭和七〕九月四日、この五人がすべて、なんらの留保条件もつけずに一致して報告書に署名したことは注目すべきことである。

調査団委員の間の討議はすべて英語で行なうことが建て前となっていたが、英語があまり得意でないフランスのクローデル将軍の発言だけは、今度の調査団の旅行に加わったフランス植民地軍の軍医ジュブレ博士により英語に通訳された。ときにはフランス語が使用される場合もあったが、その際フランス語を十分に理解できない委員には英訳文のコピーが渡された。私は英語、フランス語ともうまく話せたので、どちらの言葉で討議されても個人的に問題がなかった。調査団の報告を含め、国際連盟の公式文書は、つねに英仏両語で発表された。

調査団には、ジュネーブの国際連盟事務局所属の多数の書記が加わった。われわれを日本で待ちかまえているロベール・アース（フランス人）国際連盟事務総長のほかに、公使館参事官フォン・コッツェ（ドイツ人）、ペルト（オランダ人）、シャレール（イタリア人）、パスチューホフ（もとはロシア人でチェコ国籍）の各氏がいた。このほか、リットン卿の個人秘書W・W・アスター氏、マッコイ将軍の副官ビッドル中尉が加わった。さらに短期あるいは長期にわたって調査団とともに活動した専門家が大勢いた。

二月三日、われわれはトランス・アトランティック会社の汽船パリ号でルアーヴルを出発、同月九日にニューヨークに着き、ここでアメリカ人委員マッコイ将軍が一行に加わった。

われわれは二月十三日、サンフランシスコに着いた。土地の名士連中に私が、しばらく前、つまり大地震前のサンフランシスコを見たと述べると、「大火事の前のことをおっしゃっているのですね」と逆にたずねられた。いまでは、人々はどうやら破局と大火の原因となった大地震のことを忘れたかのようだった。

九時に汽船は出発した。輝かしい陽光の下、サンフランシスコ、とくに入江と海峡の眺めはすばらしかった。乱雑に高層ビルが立っている市街地それ自体は、地震によって破壊される以前、すなわち、私が一九〇一年に滞在したときの記憶に残っている形姿と比べるとそれほど美しくはなかった。船が金門橋をくぐりぬけ、大海原の中に入ったとき、北西から強風が吹きつけてきた。

アメリカの禁酒政策はきつかった。良質のフランスのワインをたのしんだあとでは、アルコール飲料の欠如がとくに痛感された。アルコール分のないアメリカの飲み物は、食事の際には不向きであった。それに年中氷水《こおりみず》ばかり飲まされるのではたまったものではない。もっともこれらすべてはみせかけであって船室ではだれでも好きなだけ飲酒できた。それに私的には一般喫煙室で、おおっぴらにウイスキーやポートワインを飲むことが許された。

食事の際には、われわれの中で、英語を解する調査団員だけが席をともにした。すなわちリットン卿、マッコイ将軍、アルドロバンディ伯爵、それに私というわけだ。他方、クローデル将軍とジュブレ博士は二人だけで小さなテーブルで食事した。われわれの会話は、部分的には日本ならびに中国情勢に及んだ。船旅の途中、われわれは上海事変および満州事変の動きに関する簡単な無線連絡を受けた。

われわれは何度も会議を開き、その際ジュネーブ、上海、それにホノルルから直接われわれに向けて打ってきた電文に対する回答内容を決めた。上海のアース事務総長、ジュネーブのサー・エリック・ドラモンド事務総長から送られた電文に基づき、われわれは日本にはまず十日間滞在する。そのうち三月一日から八日まで東京、九日から十一日まで京都、大阪ならびに神戸に滞在し、神戸からダラー・ラインの汽船で上海に向かうことを決めた。

ホノルルに着いたのは二月十八日木曜日、早朝六時半頃であった。山岳は部分的には雲でおおわれていたが、やがて背後から一条の陽光がさしこんだ。われわれは入港し、私がかつてこの地に来てから三十年のあいだに異常なほど広がった市街地を眺めた。あとで聞いたところによるとホノルル市の人口は十二万人に達していた。この都市はシュロなどの森に囲まれた広い地域につくられていた。市の印象は以前にはなかった数本の煙を吐く煙突によって汚された。総督の助役たち、陸軍守備隊長や海軍の司令官があいさつに現れ、われわれ調査団員の首にハワイの風習に従って花輪《レイ》をかけてくれた。

　われわれは上陸し、ホノルルの有力市民ディリンガム氏の邸に向かった。ここは広々とした中庭や庭園を備えた宮殿のようなすばらしい豪邸であった。ディリンガム氏は、最初の白人移住者として、ハワイに広い土地を取得した宣教師の孫であった。

　私は彼と三十年前のことを語り合った。彼は最近の大きな動きについて興味深い事柄を物語った。話題はハワイ原住民に暴行されたアメリカ海軍将校のアメリカ人妻のことに及んだ。この女性の夫と母親が、地元の裁判所から釈放された犯人を射殺したリンチである。このハワイ原住民の射殺は大反響を巻き起こした。しかしディリンガム氏は、新聞報道によってまったくあやまったイメージがつくられたと述べた。氏によると人種的憎悪のたぐいはここではまったくなかった。そしてこのリンチ事件をきっかけに、住民全体に有害な結果が生じないように知的な市民たちが、人種問題に取り組むことになったという。

さらに彼は、あらゆる人種の子どもたちが共学し、ともに遊んでいるここのシステムは子どもたち自身の創意によってすべてがつくりあげられたので、人種差別などまったく問題にならないとも語った。逆に白人の子どもたちは、しばしば特別の仲間として、たとえば同じ部屋で眠る仲間として、同人種の子どもではなく、日本人や他の有色人種の子どもを求めているという。

ハワイ諸島の人口構成は、白人はいまでは圧倒的にアメリカ人が多いが約三万人であり、ハワイ原住民はそれよりいくぶん少なく二万五千人である。もちろんハワイでもサモア同様、多くの雑婚がみられる。日本人は三十年前より二倍にふえ現在約十三万人、中国人は一万五千から二万人というところである。新移住者は大部分がフィリピン人でその数は六万から八万人となっている。

ホノルルにいるハワイ原住民は洋服を着ている。古い習慣はすみやかに消え去ろうとしている。宣教師はすでにかなり以前からハワイアン・ダンスを禁止した。わずかに新来の客を花輪でかざることなど、愛想のよいしきたりによってのみ、古来の原住民の性格がうかがわれるにすぎない。

われわれは数台の車に分乗し、オアフ島めぐりをした。私はアメリカ陸軍の副官ジョンソン大尉と同乗したが、彼は私に風土や住民の状態を教えてくれた。われわれは主として、わずかの植物しか生えていない新火山地帯の山頂まで登ったり、火山のふもとの険しい海岸を走ったりした。走行中は、日照があるときがほとんどで、たまに小型の夕立にあうこともあった。背後にはこの島の他の山岳地帯がつらなり、小島が浮かんでいた。ハワイ諸島の他の大きな島々はいずれも水平線上にかすんでみえる程度であった。

われわれは狭い谷をよじのぼりパリ峠に着いたが、ここは険しい岩の崖になっていた。ここには記念の額がはめこまれている場所があった。すなわち十八世紀末、巨島ハワイ島から軍勢を率いてこの島に渡り、ホノルルの側から進出してきた国王カメハメハ一世は、オアフ島国王の兵士を追い立て、この崖から突き落としたのだという。これによって彼は連合ハワイ王朝の創設者となった。

この日の午後、われわれは汽船に乗り、現在は公共目的のために使われている前国王の宮殿である美しい大きな建物のかたわらを過ぎた。私は自動車の隣席にいたホノルルの年老いた原住民に、王朝の子孫はどうなったのかをたずねた。彼はそのことを知らず、もはや王家一族の生存者はいないであろうと語った。しかし他の者は、いまでも数人のいわゆる王子たちが残っているものの、彼らはもはやまったく無価値な存在となり、ハワイ原住民の中に埋もれ、彼らに与えられた土地でひっそりと暮らしているもようだと述べた。「かくして《シク》世の中《トランシト》の栄光《グロリア》は消滅《ムンディ》する！（3）」

　われわれは峠からホノルルに向かって下り、市の上方にあるカントリー・クラブに着いた。ここではインスティテュート・オブ・パシフィック・リレーションズ〔太平洋事情研究所〕が土地の産物ばかりからなる食事を出してくれた。この研究所はカーネギー研究所が参加して設立された。

　午前中の旅では、われわれは陸軍兵舎と海上からの攻撃を防御するために使われる口径一五・五センチの巨砲をいくつか見学した。ハワイにおけるアメリカ軍守備兵の数は一万二千人に及んでいる。

　クラブを出てからわれわれはアメリカ海軍最大の軍港パール・ハーバー〔真珠湾〕に向かった。途中われわれは、一部収獲ずみのサトウキビの広々とした畑のそばを通りすぎた。ハワイの富の一部はこのサトウキビ農場に依存している。現在の砂糖価格低迷による危機がハワイにある種の悪影響を与えているのは、いうまでもない。

　パール・ハーバーの軍港は平地にあった。ここは大艦隊を楽々と収容できる、きわめて広々とした防衛施設が完備した軍港であった。このときはドックに、回転砲塔中に合計十門の高性能の艦砲を備えた三万五千トンの強力な近代的戦艦がいた。第二の戦艦はやや離れたところに停泊していた。われわれはドック内にいる戦艦のすぐそばまで車を走らせ、近くからその威容を眺めた。ちょうどこのとき大演習を行なっていたアメリカ艦隊の他の戦艦やハワイ諸島所属の他の艦船は、伝えられるところによると、諸島内の別の水域に停泊中ということであった。

その後、われわれがホテルに戻ると、太平洋事情研究所が茶話会の準備をしていた。研究所の所在地はホノルルであった。この研究所は、カーネギー研究所や他の機関からの毎年の寄付によって維持されており莫大な資産をもっていた。その業務は太平洋に面している国々のもろもろの事情調査に及んでおり、研究所の支所がサンフランシスコ、東京、それにオーストラリアに置かれていた。この研究所は、中国、日本それに満州問題に関連する一連の文献をわれわれに利用させてくれた。出発の際にわれわれは再び花輪《レイ》を首にかけてもらった。

汽船が夕闇迫るころ、ゆっくりと外洋に出たとき、平地と後方にある丘にキラキラと光るホノルルの灯火、それに市の背後にそびえ立つ山岳のおごそかな姿は、まったくすばらしい光景であった。私は、かつてサモアにいた日々のことをいきいきと思い出し、しらずしらずのうちに古いサモア語の別れの唄を口ずさんでいた。「ナイガロ・マイ・アピア・ジオタエレ・エレ」。その際私たち夫婦が、あの美しい南太平洋を、いまなお古来の風俗習慣を保持している原住民の中で一時期体験したことを感謝の気持とともに想起した。これらすべての事物が死滅してゆく運命にあることがはっきりしているからだ。ハワイは南太平洋の島々がもつ古い魔力のかすかな余韻を保っているだけだ。

上海からの報道はどうも思わしくなかった。一時期停戦になるだろうと思われた矢先、戦闘がいっそうはげしく再開された。われわれはジュネーブの国際連盟本部、それに東京でわれわれを待っているアース事務総長と再び無線で連絡し合った。

船上で私は多くの極東通と知り合いになった。その中には三十四年間、中国で暮らし、中国人学生学院の院長をしているアメリカ人宣教師のクライン師がいた。彼は私に興味深い話を聞かせてくれたうえに、上海で毎週刊行されている「チャイナ・レビュー」誌数号および、やはり英語で印刷されている華北の新聞数紙をくれた。われわれはこれらの資料から、中国政府の最近の動き、日中紛争における中国の立場などを知ることができた。

それればかりかこれらの刊行物によって、中国人の一般的なものの考え方や習慣について興味深い事実を学ぶことができた。たとえば、雑誌「チャイナ・レビュー」のある号は、二つの面白い短信をかかげていた。その一つは日本に関係しており、三味線の皮に使われたネコの霊をなぐさめるためにこのほど行なわれた慰霊祭について、さらに役所に雇われている野犬捕獲員によって処理された犬の霊をなぐさめる慰霊祭について述べていた。その短信によれば、このほか日本では本職の釣師、あるいはアマチュアの釣人によって釣られた魚の霊を慰める儀式もついで行なわれることになった。宣教師が私に語るには、こうした神道の古来の習慣はなおざりにされると天皇と皇祖に対する宗教上の尊敬の念が危険にさらされるおそれがあるためいまでも固く守られているという。

興味ある点ではこれに劣らない雑誌に載った別の短信は、中国河南省開封市にある省政府の官房長がある将軍によって殺害されたニュースを扱っていた。官房長はこの将軍ともろもろの約束を交わし、部下の軍隊を率いて河南省首席の味方になるようしむけたが、その後、彼を排斥して下位の部署に追いやった。将軍はこの処置に責任ありとみなした官房長を食事に招き、なんの予感もなく入ってきた彼を同伴者もろとも殺害した。前もって早くも家族や動産を安全な場所に移動させておいた将軍は殺人のあと、ただちにこの都市を離れ、西方にいる有名な盗賊である甥のもとに走った。短信によれば、将軍自身がもともと西方にいた群盗の一人で、正規の将軍にまで出世するよう努力したということである。極東においては、多くの点において、西欧とはまったくちがう世界が展開しているのだ。

日本の指導者たち

二月二十九日の明け方、船は横浜港に着いた。背後に山頂に雪をいただいた霊峰富士がそびえていた。われわれを出迎えるため、日本政府から調査団の参与に任じられた吉田伊三郎前トルコ駐在大使が現れた。彼は太った陽気な紳士で眼鏡の奥からのぞく両眼がとくにいきいきとしていた。このほか歓迎に現れたのは、日本の外務省や政府関係者であったが、とくに私を目当てに来たのは、ドイツ大使館のエルドマンスドルフ参事官、横浜と神戸に駐在するドイツ領事たちであった。またアース事務総長も姿を現した。このフランス人は以前国際連盟の他の調査団に加わって中国に赴いたこともある才気あふれる人だ。

われわれは特別仕立ての列車で東京に向かった。この間、先年〔大正十二年〕の大地震〔関東大震災〕のあと、まったく新しく近代的に再建された横浜・東京両都市の一部を眺め、その復興ぶりに驚嘆した。左側には、陽光の中に富士がそびえ、車窓からその山容の大部分を観察できた。

東京駅頭には外務省の永井松三次官が他の政府代表者とともに迎えに来た。われわれは、関東大震災のとき破壊されなかった大きな建物のうち、数少ない建物の一つ帝国ホテルに向かった。これはアメリカ人ライトが和洋折衷の空想的なスタイルを用いて建てたホテルで、一九二二年〔大正十一〕つまり大震災の前年に完成した。ライトは地震発生の場合も考慮して設計したので、その耐震性には自信をもっていた。はじめは建物の高さが比較的低いことなどから、とかく批判する者もいたそうだが、大震災のとき近くの建物がことごとく崩潰したのにもかかわらず、この帝国ホテルだけは無傷のまま残り、建築家としてのライトの腕前の優秀性が示された。

昼、私はコッツェとともにエルドマンスドルフ夫妻に招かれたが、二時半から早くも公式訪問のスケジュールが始まった。調査団一行、アース事務総長、吉田参与員は、まずこれまで国際連盟理事会日本代表であった芳沢謙吉外相を訪れた。芳沢外相からは、愛想はいいが慎重な思慮深い紳士との印象を得た。外相は思いのままに意見を表現できるほどに英語が達者なのに、異常といってもよいほどゆっくり語り、しかも一言話すごとにポーズをおいた。彼は犬養毅首相の女婿にあたる。三十分ほど雑談したあとリットン卿はわれわれ調査団の使命と満州問題について話し始めた。

芳沢外相はきわめて慎重かつ、遠慮がちに言葉をはさんだ。彼はジュネーブで行なわれたこれまでの討議を通じ、日本側の主張としてわれわれが熟知していることを繰り返し述べ、さらにわれわれに手交される外務省の覚書を準備中であると語った。さらに調査団に必要な情報を提供するとともに、調査団からの質問に回答する用意のあることを明らかにした。また後に機会をみて会談に応ずるとも約束した。

次にわれわれは犬養首相のもとに赴いた。首相はすでに七十の坂を越えた小柄な老人で、顔面には深い皺《しわ》がきざまれ、小さな眼だけが大変いきいきと輝いていた。首相は日本語しか話せなかったので、その発言内容を外務省の通訳が英訳した。短いあいさつの中で、首相はわれわれ調査団が寒い季節、それも中国が混沌とした状態のときに来日したのは残念であると述べ、さらに中国では二、三百年ごとに破局がやってくるが、現在もちょうどその状態にあたると指摘した（原注　思うに首相は、先年崩潰した清朝が十七世紀に中国を支配するようになったとき大混乱が起こったが、これは中国の現在の状境と比較でき得ることを示唆したもようである）。犬養首相は数ヵ月後〔五月十五日〕、ちょうどわれわれを迎えた部屋で狂信的な陸海軍の青年将校十八人によって殺害された。

犬養首相のもとを去ったわれわれは荒木貞夫陸相〔一八七七―一九六六。東京裁判の判決で終身禁固刑に処せられたが、一九五五年仮釈放〕を訪問した。陸相は中肉中背で見るからにモンゴル風の顔つきをしていた。黒い口髭を生やし、眼尻にユーモラ

荒木陸相を囲む調査団

スな感じを与える皺がよっていたが、それでも大変若々しく弾力性のある人物に思われた。通訳をした陸軍大佐の助力でわれわれは話を進めたが、陸相はいろいろ滑稽な逸話を語り、自分でも腹をかかえて笑っていた。

われわれと荒木陸相との会談には、陸軍省と、おそらく参謀本部付の将校が多数同席した。これら将校たちのタイプがそれぞれまったく異なっているので、観察しても興味があった。やや後に坐った小磯国昭陸軍次官は、陸相よりいっそうモンゴル的な面構えをしていた。一方、将校連の中には白人、それも南ヨーロッパ系の白人ではないかと思われる者もいた。その中の一人など、まるで南ドイツ出身者そのものであった。さらにマレー人や南洋の住人とよく似ている将校もいたし、中国人ではないかと思われる二将校も同席した。この二人が平服で現れたら、私はきっと中国人と間違えたに違いない。

荒木陸相は話を進めてゆくうちに、やがて日本人と中国人の国民性の相違について指摘した。それを要約すると次のようになる。日本人は自然にあまり恵まれない土地に住む。日本には不毛の山地が多く、しかも四季を通じ、地震、洪水などの天災に悩まされている。これに反し、中国人は彼らが必要とするものすべてが生育する肥沃な土地をもっている。そこで中国人は日本人ほど苦しみに耐えることのできない弱々しい性格になった。中国人がことあるごとにその解決をひきのばそうとしているのに反し、日本人はすべてを整然と処理しようとする。日本人は自力で生き抜こうとしているのに、中国人はなにかにつけて外部からの援助に頼る傾向がある。荒木陸相はこう述べたあと、彼が中国滞在中目撃した次のような逸話を伝えた。

陸相はある日街頭で通行人すべてに聞こえるように大声をあげて泣く中国人の子どもを見かけた。彼がわけを尋ねると、子どもは両親が夫婦喧嘩をしているからだと答えた。ここで陸相は解説した。日本の子どもなら、こんな振る舞いまでして他人の同情をひこうとはしない。日本の子どもは一人で人にかくれて泣き、悩みを他人にまで訴えるはずはないというのだ。

最後に陸相は、日中両国人のおもしろい比較をした。中国人は無数の粒子からなる砂に似ている。砂は湿気があると短期間で固まるが、乾燥するとすぐにバラバラの砂粒に分離してしまう。これに反し日本人は、水で固めた粘土に似ている。粘土は非常に固く結びついているので、これを分解しようとすれば、打撃を与え完全に粉砕しなくてはならない、と。

宮中での午餐

夕方、私はエルドマンスドルフ夫妻、コッツェ氏とともに、東京の娯楽街、劇場街を散歩した。街は色もあざやかな看板や旗で飾り立てられ、ネオンまたたく街頭や、下駄をはいた着物姿の娘さんたちは大変美しかった。また近代的な大商店の前に日本人形や民芸品を売る夜店がならんでいるのも珍しい風景であった。

街頭には、小さな青い丸印がたくさん染めぬいてある木綿の手拭を手にした女の人が、道行く人たちに声をかけている姿がいたるところで見受けられた。赤糸を通した針〔千人針のこと〕で青丸の上に小さなコブを作るように頼んでいるらしい。これは上海や満州に出征した日本兵を死傷から護るためのお守りということであった。

翌日、われわれは外相をはじめとして閣僚、実業家、新聞の代表者たちと会談した。話題はきまって満州問題とこれに関連する諸問題に集中した。私は何度もドイツ大使フォレッチ邸に赴き、その客間で、ドイツ人、日本人、その他各国の外交官や夫人に会った。また長期滞日した日本事情に通暁しているドイツ商工会議所のメンバーたちとの会談によって、いろいろ価値ある情報を得ることができた。

翌日、明治維新という大改革を行なった明治天皇を祀ってある明治神宮を参拝した。明治という言葉は、もともと天皇の名前とその治世下の時代の双方を意味している。ついでわれわれは東京第二の神社、靖国神社に参った。ここには日露戦争で戦死した一万二千人にのぼる日本兵の霊などが祀られていた。

その日の夕方、われわれは芳沢外相主催の夕食会に招かれ、美しく花を飾った長いテーブルについた。テーブルの中央に設けた箱庭には草花が生い茂り、ミニアチュアの仏塔や家が建ち、まわりをとりまく池の中に小さな金魚が泳いでいた。テーブルの上には水盤もあり、中に水草が繁茂していた。私はこのように芸術的で美しい卓上装飾を他の国はもとより日本でも見たことがない。

三月三日木曜日、われわれは宮中の歓迎午餐会に招かれた。午前中会議を終えたあと、調査団の五委員、吉田参与員、アース事務総長は皇居に向かった。都心の広い台地の上に石垣と濠に囲まれた広大な土地にあるやや丈の低い建物群が皇居であった。ここには十七世紀から明治維新にかけ、徳川歴代将軍が居住していた。

いまの皇居の建物は明治天皇が京都から東京に移られたとき、つまり六十年前に建造された。皇居内には絵入りの天井、和風の木彫りの建具などが見られたものの、家具、調度類はすべて洋風であった。式部官長林権助男爵の出迎えを受けたわれわれは、天皇ご自身のためと、宮中一般用とに分けられた二つの訪問者名簿に記名したあと広間に案内された。広間にはフロックコートを着用した紳士たち、和服姿か洋装の淑女たちが集まっていたが、彼らはいずれも宮中と親しい関係にある人々であった。やや離れたところに、眼鏡をかけ勲章をつけただけという簡素な軍服姿の秩父宮殿下と、洋装の妃殿下、やはり勲章軍服を着用した朝香宮殿下と、洋装の妃殿下がそれぞれならんで立っておられた。われわれはこれら二組の皇族御夫妻に紹介された。

やがて天皇がおいでになった。天皇は日本人としてはやや大柄な体つきで、やはり軍服姿で眼鏡をかけていた。つづいて洋装の皇后が見えた。われわれは順々に両陛下に紹介された。お二人は握手をしてくださったあと、日本語で歓迎のお言葉を述べられたが、天皇のお言葉は男性の通訳によって、皇后のお言葉は女性の通訳によって、いずれも英語に翻訳された。

次いで天皇が先導され、皇后、皇族ご夫妻、さらにわれわれ招待客という順で歩を進め宴会場に入った。約四十人が着席した長い食卓上にはランをはじめ美しい草花が飾りつけられていた。ほかには故国ドイツでも見受けられる普通の装飾品が置かれているだけであった。天皇は二人の妃殿下の間、皇后は秩父、朝香両殿下の間にそれぞれ着席された。われわれ調査団の一行は、その左右にずらりと着席したが、両どなりにはかならず淑女が坐るように配置されていた。

食事は和気藹々のうちに進められた。どの料理もすっかり食べ終わってのち、はじめて皿が取り除かれた。食事が終わると宮内大臣と思われる閣僚が立ち上がり、天皇が着席されている場所に赴いた。やがて天皇と皇后が席をお立ちになり、そして両陛下についで皇族のご夫妻というように一同宴会場から入場の際とまったく同じ順序で退場し、別室に入った。ここでコーヒーなどの飲物、葉巻やシガレットが供された。

この部屋では、天皇、皇后、皇族のご夫妻がいずれも別のテーブルに着席された。調査団の各委員もそのいずれかのテーブルに着席するよう勧められたため、日本の皇室の方々とじっくり話すことができた。まずリットン卿が天皇の着席されているテーブルにつき、私はドイツ語がお得意の朝香宮と話しあった。そのあと、私は先にリットン卿が着席していた天皇のテーブルに導かれ、天皇とさし向いでお話しすることができた。

天皇は低い声で日本語で話され、お傍の通訳がそれを英訳した。まもなく私が皇后のテーブルに導かれ着席すると、今度は婦人の通訳が皇后のお言葉を英語で伝えた。その後、皇族ご夫妻と語り合ったが、どなたも英語で話された。秩父宮妃はいまロンドン駐在の松平恒雄日本大使の令嬢であり、朝香宮妃は明治大帝のお子さまである。われわれはその後、いろいろな会合で、英語を上手に話す多くの社交界の婦人たちと語り合うことができた。

日本でも他の多くの国々と同じように、婦人が家庭の主婦の役割で満足するという古来のしきたりから離脱し、西ヨーロッパ的、近代的な婦人の地位に向かって成長しようとしている。日本婦人はしだいに夫唱婦随という従属的地位から脱却して、表立って社交界にも顔を出すようになった。それでも、いまのところ日本では男性が支配的地位を確保していることが、われわれ外国人の目にもはっきり映ったことはもちろんである。

調査団来日を歓迎する催しの一つに国際連盟協会主催の宴会があった。ここにも日本の有力者が多数参集した。主催者は日米間のいわゆる石井=ランシング協定(4)の日本側締結者で、国際連盟日本代表としても活躍した石井菊次郎子爵であった。石井子爵は老人だが、よい意味での保守主義者で、英語を上手に話すベテラン外交官である。彼は宴会で行なったテーブル・スピーチの中で、国際連盟支持者としては意外に強い調子で、満州問題についての日本の立場を表明した。この演説は調査団に向けられるより、むしろ国内用の宣伝に役立たせるべき性質のものであった。国際連盟支持者を含め日本の穏健派は、狂信的な国家主義者の凶刃にいつ倒されるかわからない状態にあった。

調査団来日寸前に、賢明な井上準之助元蔵相が殺害された。また国際連盟協会主催の宴会があったわずか二日後、宴会にも出席した日本最大の実力者の一人団琢磨男爵⑤が凶徒の手にかかって殺された。

この宴会のあと、私は三井という日本最大の銀行、産業コンツェルンの支配者、団男爵と語ったのだ。とがった鼻、知性ある眼つきの小柄な団男爵は、英語を上手に話した。われわれははじめは日本の実情、ついで男爵が大変関心をもっているドイツの財政、経済事情について話し合った。また彼は自分の身の上話もした。私は団が両親と一緒に暮らした幼時に受けた教育について聞き、非常に興味を覚えた。子どもは食事の際、ものを言ってはならない。父親は食卓についたどの子どもたちにも届く長い杖をそばにおいて着席する。もし子どもの一人が一言でもしゃべろうものなら、たちまち杖でたたかれる。こうして子どもの頃から忍耐、自制に慣れてゆくために、日本人は他民族にまさるようになったというのだ。

他日、われわれは商工業者の連合団体に招かれ、工業クラブの会合に出かけた。小人数の集まりではあったが、ここには大企業の幹部連が出席し、彼らの打算や希望に即し、当面の日中間の紛争をいかに解決すべきかについてそれぞれ興味ある演説をした。和服姿の商工会議所会頭以外の出席者はいずれもモーニングを着用していた。彼らをひとわたり見渡した私は、これらの紳士たちが、人種の相違こそあれ、ヨーロッパの企業家や銀行家とあまりにも類似しているのを発見して驚いた。ドイツ産業界首脳によく見受けられるような精力的な広い顎、いかにも鍛えあげたという面構えをした者も大勢いた。彼らはたしかに浅黒い色つやをしていたが、これさえ度外視すれば、ベルリンやロンドンの実業家とあまり変らないとの印象を受けた。

夕刻午後九時頃劇場を訪れた。

すでに午後三時半から午後ずっと中断されることなく芝居は上演されていた。四つないし五つの芝居が連続して上演されていたのだ。われわれは、その内の一つ、十二世紀の日本史を扱った芝居と最後に上演されたロシアの近代劇風な芝居だけを見ることができた。劇場も舞台も異常に広かった。とくに舞台は、ベルリン大劇場を除き私の知っているいかなるヨーロッパの舞台よりも広々としていた。芝居の各場面はうまくつくられており、まわり舞台によってきわめて迅速に次の場面へと転換された。ある場面は、(その様子がはっきり見える)大吹雪の中を旅人がホテルに向かっているところをあらわしていた。次の場面は、雪景色のなかの山のホテルで、その中にはスキー服姿の客がいた。これは、あわれなほど誠実な「橇《そり》」を扱う男の物語の場面であった。彼は男を誘惑するギリシャの魔女キルケを思わすような「貴婦人」に魅せられたが、妻子を失ったあと、その女性を谷底に突き落すのだ。

芝居は上手に演ぜられた。男優はいずれも洋服を着ていたが、女優は「貴婦人」を除き和服姿で現れた。もともと日本の古い芝居では女の役も男優が演じていたのだが、近代劇では女優が演じるようになった。ところで、この芝居の独特な場面は、舞台上で日本人同士の乱闘がはじまるところで、一人の男がまさに電撃的に全く予期せぬうちに相手をなぐりたおしていた。

劇場の平土間は満員で、子どもや赤ん坊をつれてきた母親もいた。観劇中赤ん坊に平然と授乳する母親もいた。聞くところによると観衆は午後三時半から十時半まで劇場にみこしをすえ、わずかな休憩時間を利用して食事をとっていた。

後に東京に滞在した折、歴史劇を見る機会があったが、この芝居では古式ゆかしく、封建時代の侍《さむらい》の風俗や儀式がうまく表現されていた。これら多くの芝居の場面の中には日本人の音響や色彩についての感覚がはっきり打ち出されていた。

三月五日土曜日、われわれは大角岑生《おおすみみねお》海相と昼食をともにした。海軍省および海軍軍令部の高級将校も同席した。伏見宮殿下が海軍の最高指導者（軍令部総長）として中央に着席し、私はリットン卿と日本の提督の間に坐った。一同着席すると、リットン卿は、「団男爵が殺害されたという凶報を聞いたか」と囁いた。私が「いや聞かない」と答えると、リットン卿は、団男爵が一時間ほど前、会社の建物に入ろうとしたとき、狂信的な青年により射殺されたというニュースを聞いたと述べた。

つい数日前、われわれ一同を招いてくれたこのすぐれた産業界指導者が殺されたというニュースには、衝撃を受けた。現在この宴席にわれわれを招待した日本人も同様なはずだ。しかし彼らは表立ってはそうしたそぶりを露ほども見せず、演説やあいさつの中でもこの暗殺事件については一言も触れなかった。あるいはこのことは日本人の克己精神を示すものだったかもしれない。あとで聞いてわかったのだが、この暗殺事件はある仏教の僧侶が指導したか、あるいは少なくとも関与した陰謀で、五人の青年がこれに加わっていた。彼らは売国奴とみなした穏健派を殺害すべしという仰々しい誓いを立てた。彼らの一人はひと月前に井上蔵相を殺害し、さらに今度は団男爵を射殺したのである。

食後、伏見宮殿下はドイツ語で私に話しかけられた。殿下は、明治二十年代に五年間、ドイツとくにキール軍港で生活されたということであり、いままでもかなり上手にドイツ語を話され、好んでドイツ時代の思い出にひたっておられるようすであった。

午後、われわれは太平洋問題研究会会長新渡戸《にとべ》博士主催の茶話会に招かれた。この会合には日本のすぐれた学者たちが集まり、私はドイツ語か英語を話す人たちと語り合うことができた。満州に行ったことのあるドイツ語の巧みな農学関係の教授は、彼の調査によると、満州は気候その他の条件からいって、日本人植民者に最も適した土地であると明言した。これまでは、満州の気候は日本人にとってはあまりにもきびしいうえに、日本人は無欲な中国人と農業の面で競争はできないと考えられていたのだが。

夕方七時、私は山本悌二郎農相が会長をしている日独協会のディナーによばれた。約三十人の出席者の中には、前海軍軍令部長加藤寛治提督の顔もみられた。山本農相は、私を歓迎するあいさつの中で、たんに日独関係に言及したばかりでなく、これまで私が聞いてきた日本側の見解と同じような、極度に国家主義的かつ計画的な満州問題解決法を開陳した。彼は、現在の各国の対日非難は、第一次大戦中、連合国がドイツ帝国に対して行なった非難同様、嘘いつわりに固められていると主張した。

農相はドイツ語を十分に話せたにもかかわらず、日本語を使用した。私はドイツ語で答礼のスピーチをしたが、まずこの宴席に招かれたことを感謝し、次に満州問題についでは、調査団は現在いかなる立場もとっておらず、調査研究の結果、はじめてなんらかの判断を下すことになろうと述べるにとどめた。さらに私は、「山本農相は日本は外国の宣伝によって誤解されていると言われたが、日本の方々はわれわれ国際連盟の調査団が真理に基づいた公式な結論を出すことを確信していただきたい」と語った。また私は、日独友好関係の増進のため、とくに両国学生の交換の促進を提案した。

食後、私は多くの人々と興味深く語り合った。山本農相は、「加藤提督もスピーチをする意向であったが、時間の節約のためスピーチをやめ、その内容を英文で書いた」と述べ、写しを一部、私にくれた。内容は満州問題に関するもので、これが他日、日独協会のパーティーで行なわれた演説として、日本の新聞に取り上げられた。山本農相は、もっと強く日本の立場を主張した演説をしたのにもかかわらず、新聞にはなんら言及されていなかった。少なくとも英字新聞には全然載っていなかった。

東京滞在の最終日、われわれは天皇からカモ猟のお招きを受けた。聞くところによると、これは皇室がわれわれに深い好意を寄せているしるしであった。カモ猟は日本では皇室御料地だけで行なわれる独特のスポーツで、われわれはカモ池のある浜離宮に案内された。

野ガモは飼い馴らされたカモの誘導で庭園内の小さな掘割に導かれる。掘割のそばの野ガモからは見えない場所に、猟師あるいは捕獲者が待機する。彼らはいずれも大きな網を用意し、掘割から飛び上がる野ガモをまるでチョウでも捕らえるようにして捕獲するのだ。その掘割に入った野ガモもすべて捕らえられると、猟師は他の掘割に出かけて同じ仕事にとりかかるのだが、誘導した馴れたカモはもとの掘割にそのまま悠然と浮かんでいる。

われわれも猟師となって、それぞれ数羽の野ガモを捕らえた。スポーティーな服装で大気中を動きまわるのは気持がよかったし、野ガモを捕らえるこのスポーツ自体も魅力があった。それでもなにか気が進まなかった。小さな野ガモをこんな方法で捕らえるのが痛ましかったからだ。猟期はわずか数ヵ月しかない。野ガモは暖かくなると日本の本州を離れ、北海道やさらに北方の地域へと帰ってしまうからだ。

日本式宴会

この日の夕方、われわれは寝台車で京都に向かった。ここで出発の前の晩、永井外務次官の招待で行なわれた東京のメープル・クラブでの日本式宴会について一言紹介したいと思う。

われわれが三階建ての料亭に着くと、玄関で芸者衆がそろってあいさつした。下働きの男女がわれわれの靴を脱がし、スリッパをはかせた。玄関から階段を上がると、三方に座蒲団が敷かれた広間で、われわれはこの広間のきめられた席にあぐらをかいて坐った。調査団員はすべてタキシードを着ており、日本側は大多数が黒紋付はかま姿であった。やがて、色とりどりの魅力的な着物を着こなし、髪を高々とゆった芸者たちが現れた。

数人の芸者が宗教の儀式のように、おごそかに格式ばった手さばきで茶を注いだ。つづいて他の芸者がどっと入ってきて、われわれの前におかれた膳の上に料理をならべた。芸者は一人ずつ客の前に坐り、後に待機する年寄り芸者たちがさし出す数皿の料理をならべた。もっとも芸者は、最初は小さなお銚子から、ヨーロッパではリキュールを飲むとき使うような陶製の小盃に熱い酒を注ぐだけであった。

どの料理もきわめて小量であったが、品目は多く、刺身、野菜料理、タケノコ入りの椀盛り、イセエビ、ウナギの蒲焼きなどが次々にならべられた。だがパンや馬鈴薯はなく、唯一の実質的食品として二時間もつづいた宴会の終わり頃やっと米飯が出た。最後には美味い果物も出た。

芸者はたえず交替した。どの芸者も一人のお客の前にたかだか五分坐るだけ、その間になにか話題を見つけようとつとめていた。芸者はまた、客にできるだけ多量の酒を飲んでもらうようにしつつも、客からの返盃を歓迎し、自分が飲み終わった盃を小さな水盤できれいに洗い清めた。

客の前に芸者が坐ってもてなし、三、四品の料理が出たあと、芸者の手踊りがはじまった。客が坐っていない広間の正面に、年寄り芸者と若い芸者がならんで坐り、三味線など単純な楽器を演奏しながら歌った。この音楽はまったく単調で宗教的であった。やがて六、七人の芸者があでやかな衣装をつけて現れた。まず客に背を向けて坐ったので、客は美しい着物の背模様を十分に観賞できた。芸者たちはいずれも、長い裾《すそ》の着物を着ているため当然のことながらきわめてゆっくりと踊った。こうした六、七人で一組の芸者が次々に現れて踊ったあと、再び料理がならべられ、芸者も客の前に坐りなおして話し相手をした。しかし、三、四品の料理を食べ終わると、再び芸者の手踊りが披露された。

食事が終わると、炭酸水やシャンペンが出た。その後、全員階段を下り、一階の広間に入った。ここで客は芸者と社交ダンスをした。ダンス音楽は西洋音楽と日本音楽であった。西洋音楽はレコード演奏だが、日本音楽は、女性数人が交じったバンドが生演奏をした。芸者は上手に踊ったが、曲目がいずれもフォックス・トロットやスロー・フォックスといったゆっくりしたテンポの単純な曲ばかりであったからであろう。

芸者の中には美人もいたが、ヨーロッパ流の標準に従えば、あまりにも小柄で貧弱であった。しかも、極度に白粉をぬりたくり、眉、口紅をどぎつく塗りすぎているのは悪趣味であった。なかには醜い年寄り芸者もいたし、金歯を光らせる芸者も多かった。しかし、洗練された芸者はかならずしも美しくて若い芸者であるとはかぎらないし、話し上手の機智のある芸者は、顔立ちが悪くても人気があるということであった。

ほとんどの芸者は一晩にかけもちで四つか五つの宴席に出て、話題を豊富にして客をもてなすそうだ。だが、われわれは日本語が分からないし、私が接した芸者の中では、「サンキュー」程度の英語を話す者が少々、それにドイツ語で、「ダンケシェーン」といった者が一人いただけであるから、このことを評価するのは困難だ。日本人

学術をポケットに！

学術は少年の心を養い
成年の心を満たす

講談社学術文庫

講談社学術文庫のシンボルマークはトキを図案化したものです。トキはその長いくちばしで勤勉に水中の虫魚を漁るので、その連想から古代エジプトでは、勤勉努力の成果である知識・学問・文字・言葉・知恵・記録などの象徴とされていました。

から芸者の話の内容を通訳してもらったところでは、上品なお世辞をいっているだけという印象を受けた。

たとえば、ある芸者は「私はドイツ人のことをいろいろ聞いた。ドイツ人は日本人とよく似ているそうだが、それは日本人と同じような武士道をもっているからだ」などと語った。芸者はいつも愛想よく笑い、ときには色目を使い、また作法どおりの整った身のこなしを示した。宴席で日本の紳士はあちこちで腹を抱えて笑っており、芸者と語りあって大変楽しそうであった。ふだんは山高帽にフロックコート姿の謹厳な紳士も、芸者の相手をするときはまったく楽しい肩の凝らない気分にひたっているとの印象を受けた。芸者はわれわれの近代的西欧的な観念や感覚からはかけはなれた注目すべき存在である。ただ、古代ギリシャには日本の芸者とよく似た遊女《ヘタイラ》の制度があったという。

芸者は上半身を固い殻の中に包んでいるようであった。芸者と踊っていると、女性というより人形を相手にしているような感じがした。血の通っている人間よりもチョウや花とたわむれているようであった。これは、私一人だけの印象ではない。他のヨーロッパ人もみな芸者について同様な意見を述べた。われわれは自分で踊ったり、人のダンスを見たあと、ホテルに帰ることになったが、玄関では数人の芸者がいかにもなごり惜しげに送り出してくれた。

われわれは京都でも洋風の宴会のあと、芸者の美しい手踊りをいくつか観賞した。このときは十四、五歳の舞妓たち（芸者修業中の娘たち）が裾の長い美しい衣装を着て現れた。舞妓が芸妓になると、素人の女性のように、帯をつけて登場した。

関西旅行

京都では洋式の大ホテル、都ホテルに泊まった。ホテルの支配人は私にドイツ語で自分は長いことドイツに留学したと語った。京都は八世紀から一八六八年の明治維新まで天皇が住まわれた、古い都である。

われわれはまず、広々としているが、簡素な建物である御所に赴いた。今日でもここで天皇の即位の大典が行なわれている。御所の部屋の中は襖《ふすま》が多く、一部に壁画や木彫りの建具も見られた。

御所よりも豪華な印象を受けたのは、徳川将軍が十七世紀に建てさせた二条城である。二条城内の彩色された透通しの木彫りの建具は見事であった。とくに木彫りの不死鳥やクジャクはすばらしかった。ついでわれわれは巨大な庭園の中に建てられた華麗な園亭金閣寺や修学院離宮と桂離宮を参観した。その帰途、アメリカのマッコイ将軍とともに、日本のナポレオンといわれた十六世紀の名将豊臣秀吉の墓に詣でた。

翌朝、われわれは快適な電車で奈良に向かった。沿線には人家が多く、肥沃な田畑や丘陵がつづいていた。電車は竹林、茶畑、水田、畑地の只中を進み、一時間もすると奈良に着いた。駅頭には奈良県知事が出迎えに来ていた。丘と林に囲まれた美しい奈良市は京都以前に皇居があった都市で、平和そのものという印象を与えた。

人々の間をシカが平気で散歩しているのには驚かされた。シカの角は仲間のシカや人間を傷つけないように短く切ってあった。春日大社、東大寺大仏殿などを見物したあと、われわれは歓迎昼食会に参列した。私の隣席は、ドイツのカールスルーエにかつて留学したドイツ語を話す奈良女子高等師範学校校長であった。

奈良を出た一行は、電車で人口二百万の商都大阪に向かった。大阪は京浜地区のように大震災の被害がなかったので、町の様子は全体に東京より古めかしかったが、それでも洋風の高層ビルがいくつか建っていた。人々の雑踏、ひんぱんな自動車の往来で騒々しい大阪は、落ちつきはらった奈良とはまさに対照的であった。

われわれは日本の二大新聞、朝日、毎日の本社を訪問した。両新聞は東京でも大阪でも何百万という発行部数を誇っていた（なお毎日は東京では日日新聞とよばれている）。われわれは両新聞の幹部からあいさつされ、お茶をよばれた。そして毎日新聞では社内を一巡し、巨大な植字印刷機械がフルに動いているさまを見学した。われわれの見たところでは、日本では西洋式に一連の活字が鋳造されるのではなく、文字を一つ一つ手で植字しているようだ。

次にわれわれは大阪商工会議所と関西財界主催の茶話会に出席すべく、設備の整った巨大な綿紡クラブに赴いた。招待側の人々に紹介され、茶を飲み終わると、早速会談がはじまった。日本側からは大阪の工業、海運、銀行関係の代表者約二十人が出席していた。

彼らは、日本の商社や海運業者が中国人の日本品ボイコットによって大損害を受け、これまでの実績の三分の一が失われたと主張した。そして彼らは、どうしたら中国人のボイコットの損害を防止することができるか、また将来はいかにしてボイコットを阻止することができるかという問題を熱心に論じていた。

その後、われわれは、すでになじみになった和風料亭の宴会に案内された。料亭の玄関ではやはり芸者たちが出迎えた。玄関でわれわれは靴を脱ぎ、毛織りのスリッパをはいた。宴席では私は吉田参与員と、今度の来日で知り合いになったドイツ語の巧みな人物の間に坐った。彼は結核研究所の教授で以前にドイツに留学したことがあった。このとき私はとても空腹だった。そこで芸者が運んでくるふた付き陶器や木製の器に盛られた料理を次々にたいらげたものの満腹感が得られないので、パンでもいい馬鈴薯でも米でもいい、なにか実質的な食物が出てこないものかと待ち望んだ。しかし食事は間もなく中断され、大阪の一流芸者による手踊りがはじまった。

その一つに「人形ぶり」というきわめて独創的な踊りがあった。豪華な衣装を着た芸者が、あやつり人形のような顔つきや身ぶりをすると、その後で黒装束で仮面をかぶった別の芸者が人形を糸をひいてあやつるしぐさをするという踊りであった。芸者の踊りがすんで食事が再びはじまった。美味いイチゴが出てきたので、結局腹の足しになるものがなにも出ないうちに食事は終わりかと思っていると、これは思い違いで、イチゴのあとも各種の料理が次々に運ばれてきた。最後に待望の米飯が出たので、私はウナギの蒲焼きなどをおかずにして早速たいらげ、やっと満腹感を得ることができた。

あまりにも疲れたので、われわれはすぐホテルに向かった。甲子園ホテルは一部洋式、一部和式のホテルだが、京都の都ホテルにくらべて部屋の面積もせまく、もろもろの設備も外国人向きではなかった。たとえばバスは西洋人の体格には合わず、深い方形のバスタブなので中にかがみ込むか坐らなくては入浴できなかった。

翌日、われわれは兵庫県知事と神戸市長の招きで標高約千メートルの六甲山頂にあるホテルの昼食会に出席した。私は英語のうまい実業家の隣に坐った。彼は日本は電気事業や航空機生産の分野でドイツから多くを学んでおり、彼自身、ジーメンス、ドルニエなどの業者と親しい間柄だと語った。

昼食後、車で神戸港に向かった。神戸は海沿いに長く伸びた人口約六十万の大都市だ。われわれは途中、自動車を降り、中国人が平時戦時に関係なく、手広く商売している中華街のせまい通りを散歩した。

三月十二日、われわれは対馬海峡を通過した。右側に山の多い対馬が見えた。上海までわれわれに同行した海軍大尉は、一九〇五年〔明治三十八〕五月二十七日、日本の東郷艦隊とバルチック艦隊がこの対馬沖で交戦し、バルチック艦隊が潰滅的打撃を受けたもようを語ってくれた。

ロジェストヴェンスキー提督の率いるロシア艦隊は南方から進んできた。東郷提督の率いる日本艦隊は、まずはじめには、ロシア艦隊が日本列島の東側をまわってゆく可能性も計算に入れていたが、補給その他ロシア艦隊の準備状況を考えると、きっと中国の海岸沿いに航行し、対馬海峡を通ってウラジオストックに向かうであろうと推定した。そこで東郷は日本艦隊の主力を朝鮮半島のある港の西方に、そして他の艦隊を、対馬の南部海岸の近くに待機させた。そしてロシア艦隊が通過してきたとき、日本艦隊は両側から攻撃し、これを撃滅したという。

また大尉は、うまくない英語ながらいきいきとした表現で、七百年ほども前の蒙古襲来についても語ってくれた。

訳注

（1）一九三一年十二月十日、国際連盟理事会は国際平和を乱すおそれのある「すべての事情について調査し、理事会に報告する委員会を任命する」決議を全会一致で可決した。

（2）調査委員の履歴と横顔を多少補足すると、まずリットン卿は、小説「ポンペイ最後の日」の著者として世界的に有名な文豪リットン卿の孫にあたり、父がインド総督時代にインドのシムラで生まれた。満州調査のときは五十代の半ば、見るからにイギリス貴族らしい顔つき、奥深い眼、広い額、高い鼻の持ち主で、イギリス紳士らしいあか抜けした所作と服装には人目をひくものがあったという。クローデル将軍もシュネーとともに六十歳を超す年長者で政治的見識に富みフランス流の機智の持ち主だった。マッコイ将軍は当時五十八歳、アメリカ軍人の典型で東洋通、関東大震災のときはアメリカ救済使節指揮官として活躍した。また、アルドロバンディ伯爵は一八七六年生まれの一行の最年少者、委員中唯一の外交官出身で、仲裁役としては随一といわれた。

（3）原文ラテン語。戴冠式に赴く新しいローマ教皇への呼びかけ、その際象徴的に一束の麻くずが焼かれる。

（4）石井＝ランシング協定は、一九一七年（大正六）十一月二日、日本の全権大使石井菊次郎とアメリカのロバート・ランシングとの間に交換された中国に関する共同覚書。これにより日米両国は中国の領土保全、門戸開放、機会均等などの諸原則を守ることを約し、アメリカは満州における日本の特権を認めた。日本が第一次大戦を利用して中国に進出しないという約束は正式文書の中には入れられなかったが、非公開の付属議定書の中には書きとめられた。しかし一九二一～二二年のワシントン会議で日本はアメリカの主張する諸原則を認めねばならなかった。石井＝ランシング協定も一九二二年空文化した。

（5）　団琢磨（一八五八～一九三二）は福岡県出身の大正・昭和にわたる事業家。三井家の貿易、金融、鉱山などの直接事業はもちろん傍系事業十数社の重役としてすべてを経営指導した三井合名会社理事長。日蓮宗の僧侶井上日召を盟主とする右翼の秘密結社「血盟団」は日本の要人暗殺をはかったが、昭和七年二月九日井上前蔵相の暗殺につづき、血盟団員菱沼五郎は三月五日、団を三井本館玄関で狙撃し暗殺した。

第二章　内憂外患の中国

動乱の上海

船は強風にもてあそばれ大変揺れた。だが二日目、揚子江〈長江〉が東シナ海に注ぐ大量の河水のため海面が褐色になっている水域に入ると、船の動揺はしだいにおさまった。水平線上に揚子江の河口に近い低地が、一筋の線のように見えてきた。われわれは翌朝早く中国に着く予定であった。しかし船長は、「上海の動乱のため、上海到着は午後六時になる」と船内に掲示した。巨大な湾のようなとてつもなく広い揚子江河口に船は入った。日本の駆逐艦が何隻も停泊していた。ついで船は呉淞《ウースン》要塞のそばを通り、黄浦江をさかのぼって上海に向かった。

あたりが暗くなっても、船が進むにつれ、川の中、および上空からの日本軍の砲爆撃によって完全に破壊された呉淞の市街を眺めることができた。呉淞の廃墟と焼跡は見た目にも痛ましく感じられた。やがてあたりは完全な闇に包まれた。船は川中に停泊した多数の軍艦のそばを通過した。日英米仏伊など各国のさまざまな大きさの艦船

シュネー(中央)と顧博士夫妻

が集合していたが、ドイツの軍艦だけは見られなかった。ネオン輝く上海の市街地を通過し、約三十分航行したあと、われわれの船はダラー・ラインの停泊地に着いた。中国警官隊が行進し、軍楽隊が待機していた。われわれは多数の中国人の出迎えを受けた。中国側のリットン調査団参与員で元ワシントン会議中国代表、元中国外交部長〔外相〕のウェリントン顧維鈞《こいきん》博士の顔がまず見られた。顧博士は高度の知性と敏捷さをもち、しかも人の共感をよぶ、教養のある人物である。その他、外務次官や上海市長も歓迎に現れた。

上海は国際的大都市である。とりわけ共同租界とフランス租界は、ありとあらゆる人種でいっぱいであった。

警察にも多くの人種、民族代表者が加わり白系（反ソ連）ロシア人部も設けられていた。中国人の中にも、出身地別にそれぞれ団結している他の大都市からの移住者がいた。広東出身者にはとくに強力に結束した集団があったと言ってもよいだろう。上海に住む広東人協会主催の歓迎会に出てこの印象を強くした。

　上海市には、いまでも上海事変の余波が強く残っていた。ほとんどすべての商店が表の鉄製のとびらを閉め、小さな出入口だけ開けてあった。それでも市内の生活は進行していた。日中両軍の戦闘はわれわれが来てから収まっていたけれども、両軍は何らかの停戦協定に達したわけではなかった[1]。

　われわれが上海に着く数日前にも共同租界の住民は、近くで行なわれた戦闘を目撃し、一部の人々は直接砲弾におびやかされた。共同租界のいたるところに有刺鉄線がはりめぐらされていた。フランス租界では街路の入口がすべて、針金のバリケードによって封鎖され、一本の道路だけが通行できることになっており、毎晩十時半以降は外出禁止となった。この時間より遅くなると、特別の許可証を持たない者は一切街頭に出てはならなかった。われわれの来訪自体がすでに暗い影を投げかけていた。

　至近距離で相対峙している日中両軍の間に、小さな衝突はあったものの、戦闘らしい戦闘は三月一日にすでに停止されていた。それに、聞くところによると、中国人は

揚子江の船着場（1930 年代）

家の壁に貼ってあった反日的ビラを取り除き、その代りに国際連盟調査団に対するアピールをかかげたプラカードが立てられた。

私は何度もドイツのすぐれた上海総領事リュート・フォン・コレンブルグ男爵夫妻の家に招かれた。ここで多くの指導的ドイツ人とその夫人たちと昵懇《じっこん》になる機会に恵まれた。日曜日、われわれは呉淞にある、半分破壊された大学を訪れた。ここはいまだに二十二人のドイツ人教授が活動しているる医学部と工学部を備えたドイツ系大学で、講義はドイツ語で行なわれていた。教養課程で中国人学生たちはドイツ語を学習するのだ。大学の建物は日本軍の榴弾の洗礼を受けて大損害を受けた。大部分がドイ

当時の上海風景

ツ業者の寄付した多くの貴重な教材も破壊された。しかし幸いなことに、破損個所が修理され、部分的に新たに寄付を受けることもできたので、授業は以前のように確実に行なわれるようになった。私は工学部長スロートナリン教授の案内で、教授が作った原始的な地下壕を見学した。ここには、はじめ教授たちが夫人同伴でかくれていたが、あまりにもはげしい砲撃がつづくのにいたたまれなくなり、ついに上海まで逃げ延びたということである。

数日後、われわれ調査団一行は顧博士、吉田参与員、それに日本軍将校たちも同行して、自動車で閘北《チャペイ》およびその周辺の廃墟を見回った。その眺めはまったく痛ましかった。直接上海につながっているばかりか、多くの場所で上海と街つづきになっているこの人口三十万の都市は、おおかた破壊されていた。貴重な書物と文献を納めた大図書館をはじめ多くの公共建築が火事と砲撃のために崩壊した。日本の将校たちは戦闘の模様をいきいきと目に見えるように描写した。

戦闘はその一角が国際的取り決めで日本海軍陸戦隊によって占拠されている上海共同租界の周辺から始まった。日本軍の占拠地帯からの出撃を防止しようとした中国の警官隊に対し、日本軍が戦いを挑んだのである。いったい誰が最初に発砲したかについて、日本側の発表と中国側の発表はまったく食い違っていた。日本軍は共同租界を離れて大きく進出したところ、もともとは広東出身の部隊で上海付近に駐屯していた第十九路軍が戦闘に加わったため、中国軍の強い抵抗にあった。日本の海軍陸戦隊は敢闘精神に燃え訓練のゆきとどいた中国軍を制圧できなかった。その後、大勢の日本の陸軍部隊が日本から派遣された。彼らをもってしても一部沼沢地となっている地形の中で、南京から増強された部隊も加わった第十九路軍の執拗な抵抗を排除することができなかった。そのうち中国軍の背後にあたる戦線の北側へ日本軍が再上陸したことによってはじめて中国軍を退却させることができた。

杭州から南京へ

リットン卿、アルドロバンディ伯、それに書記数人を含む一行は三月二十六日朝、上海を出発、汽船で南京に向かった。私はマッコイ、クローデル両将軍とともに列車で杭州に赴いた。特別仕立ての客車で四時間半をすごした間、私は車窓から丹念に耕作された沃土がつづく人口の多いこの地方の様子を熱心に観察した。列車が駅に停まると、プラットホームに立つ何百人という中国人が、われわれを歓迎するそぶりを見せた。

人口約五十万、山岳に囲まれ、湖のほとりにある浙江《せっこう》省省都杭州の駅に着くと、浙江省首席と杭州市長が出迎えに出ていた。われわれはすぐに杭州随一の名所、巨大な寺院に赴いた。

寺院前方の渓谷の岩肌には仏像はじめ各種の像が彫刻され、寺院内には、大小の仏像が立ちならんでいた。別室には五百羅漢がならんでいた。案内した中国人が読み上げた説明文によると、その中の一つは、十三世紀のヴェネツィアの旅行家であり、著述家のマルコ・ポーロの像であった。マルコ・ポーロの像は体つきや衣服では、他の中国人像と似ていた。だがマルコ・ポーロの顔はグロテスクといってもいいくらいに醜悪であり、眼はカッと開いていておりモンゴル人特有の細い目とは明らかに異なっていた。

大庭園で開かれた午後の宴会には、官庁の首脳たちと多くの欧州人が加わった。その中には省政府厚生局長をしているドイツ人医師ローゼ博士、国民政府の軍事顧問をしている三人のドイツ将校、イギリス人一人、アメリカ人一人、それにフランス人のカトリック宣教師らの顔がみられた。

翌日、われわれは自動車で杭州から南京に向かった。三百四十キロほどの距離である。時々ほこりが立ったけれども、道路は大変よかった。道路上百メートルから二百メートルおきに警官が警備に立ち、通過するわれわれに敬礼した。車は集落の多い肥沃な土地に入り、時々中国の北部と南部を結ぶ有名な大運河〔七世紀、隋の煬帝《ようだい》が開いた〕に沿って走った。人が居住している無数の船、運河にかかる太鼓橋、村人が大勢いる村落などは絵のように美しかった。路傍には何千何百という中国人が立ち、われわれを見送った。ときには歓迎アーチがあり、これに日中紛争における中国側の立場を示す言葉が書いてあった。

たとえば次のようなことが書かれていた。

「われわれは平和を望むが、日本の暴力には屈しない」

「われわれは国際連盟から正義と公平を期待する」

途中、富裕な地主の家でひと休みした。この家の最上階の部屋で、美しいまわりの山岳を眺めながら昼食をとった。出てきた料理はなかば中華風、なかば西洋風であった。その後、うら淋しい山地を通った。こんな僻地でも禿山《はげ》を除けば、どこにも大勢人が住んでいた。

省境を越え、安徽《あんき》省に入ると、やがて寸土も余さず、くまなく耕された沃土が展開した。右側に海のように大きな湖が現れた。聞くところによると、湖中には多くの島があり、そこに何世代にもわたって盗賊が住みついていた。そして盗賊は夜中、公道をうろついて追い剝ぎをするばかりか、ときには人家を襲うため官憲も持て余しているとのことであった。われわれはその後、町村、部落が随所にみられる沃野を通過した。どこでも大勢の住民が集まり、われわれに歓迎のあいさつをした。子どもたちはさも珍しそうにわれわれをみつめた。

しだいにあたりは暗くなった。われわれは再び森林がつづく山地を通過し、さらに狭い道路の両側に家々が立ちならぶ村落を過ぎた。

偉大なる田舎南京

午後七時半頃、われわれはついに厚さ二十メートルの城壁下にある巨大な門をくぐり、南京市内に入った。われわれを迎えるべく警官隊と軍楽隊が待機していた。城門から先の道路の両側にも警官隊がならんでいた。広い野原をよぎり、二つの建物からなるオメア（omea）のクラブに着いた。オメアとは、蔣介石将軍が設立した「将校道徳の向上連合」の略称である。上海で別れたウェリントン顧博士、羅文幹外交部長〔外交部長は日本の外相に、後出の教育部長は文相にあたる〕、それに政府職員たちがわれわれを迎えてくれた。そして先に南京に到着していた調査団メンバーと再会した。

翌朝、宿舎から窓外を眺めると、自分が田園のまっただ中にいるのを知って驚いた。あたり一面は原野で、家はわずかに点在するだけであった。城壁がはるか遠方に見えたが、右側も左側も城壁は地平線のかなたに姿を没していた。これで南京の城壁の内部には広大な空地があるという印象がまちがっていないことがわかった。当時南京の人口は五十万人で、その大多数が南方城壁の内側の地区に住み、その他の地区には少数の住民が散在するにすぎなかった。城内を自動車で二十分もフルスピードで走っても、目に入るのは原野ばかり、たまにアメリカ西部の新開地を思わせる市街地はあったものの、高層ビルはおろか、満足な建物さえまったく建っていなかった。まれに雑踏で賑わっている路地も見受けられたが、これを過ぎると再び広漠たる原野に戻った。家は畑地と林の間に点在するにすぎず、これでは南京市内を走るというより、農村地帯をゆくといった方がよかった。

南京を囲む城壁の総延長三十キロから五十キロ、高さは十メートルから十二メートル、幅は二十メートルあった。一方の側の城壁から、向こう側にある城壁は到底見ることはできなかった。だが、かつてはこの城壁内にはもっと多数の住人がいたことだけは確実である。宮殿のあった紫禁城は南京城内の巨大な区域にまたがり、城塞を思わす正方形の城壁が往時の名残りをとどめていた。オメアがあるのもこの地区であった。

南京は一八五三年太平天国の乱に際し、反乱軍に占領され、十年間も太平天国の政府がおかれていた。この戦乱で南京は完全に破壊された。かつての豪華な宮廷をしのばせる遺蹟としては、ただ十四世紀の明朝の創設者太祖、朱元璋《しゅげんしょう》〔洪武帝のこと。一三二八―九八〕の明孝陵があるばかりであった。明孝陵は広大な敷地のただ中にあった。そこに達するには両側に彫像が配置され、所々に門がある参道を数キロメートル進まなくてはならなかった。さらにゆるい勾配の坂と広い石段をのぼると、いくつかの寺院風の建物があった。これが陵とよばれる太祖の記念館である。陵のある台地には桃の花が美しく咲き乱れ、あたりの眺めもすばらしかった。

この台地は後ろの山岳につづいていた。太祖の遺体はこの山中のどこかわからない場所に葬ってあった。時の支配者が太祖の遺体とともに副葬品の宝物や装飾品が奪われることを恐れたからである。明の太祖は貧家に生まれたが、当時中国を支配していた元に反乱を起こした漢民族の流賊《りゅうぞく》の頭目になり、ついに天下を統一して皇帝の位に就いた。太祖の肖像は陵の中に飾ってあった。おそろしく顎のとがった醜悪な顔をしていた。中国人は彼が皇帝になれたのもこの顎のおかげだったと言っている。明朝は三百年中国を支配した。太祖の後継者は都を南京から北京に移した。

南京の夏は極度に暑く、蚊が多いために、熱病など各種の病気がしばしば発生するとのことであった。そこでほとんどの西洋館の窓には蚊を防ぐための針金を編んで作った防御網が張ってあった。南京の水源は長江であったが給水事情は大変悪く、とくに風呂水は褐色か黒色ににごっており、いったいこんな水を沸かして入浴しても大丈夫なのかと首を傾《かし》げたくなるほどであった。湯になっても悪臭が残り、入浴のあと排水すると浴槽に茶色の砂や泥が残った。しかし、ある中国の閣僚は、南京の近くには良質の水があり、山地には泉もあることから今後は水源地を変え、良質な上水道が市中に供給されるよう計画していると語った。

中国政府の与党国民党の招きで、われわれは南京城門をくぐり、明孝陵のそばを通って、巨大な孫文記念館〔中山陵〕を訪れた。近くにある建物でわれわれは国民党首脳と昼食をともにした。孫文記念館は中国風、西欧風のスタイルが混じった建物で、一応明孝陵に似せてつくられてはいたが、出来栄えはよくなかった。寺院のような構えの孫文記念館に達するまでには、明孝陵と同様、坂と石段を昇らなくてはならなかった。

孫文記念館はスケールこそ大きかったけれども主要な建物である孫文の棺を納めた館が遠方から見た場合、他の建物にくらべてかなり小さく見劣りする点で効果が減殺されていた。明孝陵では、建物群のシンメトリーがうまく計算されて建てられていた。たとえば高い所にある建物は、低い建物よりも大きいので、威厳が失われないのである。しかし孫文記念館の建物群の釣り合いはよくなかった。しかも記念館の屋根が国民党の党色の青に塗られていたことも趣味の悪さを示していた。

孫文の像があるホールおよびその後方、彼の棺を安置した円形の部屋がある建物には、共和国の父孫文の三民主義の原則が大きな漢字でかかげられていた。「民族」「民権」「民生」がそれである。この三原則の意味はそれぞれ民衆の力、民衆の権利、それに民衆の福祉を表している。広間の壁には孫文直筆の政治的遺言が金文字で彫刻されていた。

汪精衛と蔣介石

私は朱兆華部長（文相）の案内で孫文記念館にほど近い競技場、プール、テニス場を見学した。とくにベルリンの競技場より大きな競技場の施設には感心した。

朱教育部長はかつて広東大学長を務め、のちに国民政府が設立した南京中央大学長に就任した。彼はドイツに留学して鉱物地質学を修め、その後何度もドイツを訪れた。彼はドイツ語をよく話し、ドイツに対し好感をもっていた。朱教育部長は浙江省政府の要職に就いたこともあり、その際多くのドイツ人専門家を省政府に招聘した。だが省政府の財政状態がその後悪化したため、残留したのは前述の厚生局長ローゼ博士だけとなった。

彼が私に語ったところによると、彼はまたそのころ、故バウアー大佐の雇用を実現させた。彼の語るところによるとバウアー大佐は繰り返し天然痘の予防注射（種痘）をするように説得された。しかし大佐は自分はもう年をとりすぎているのでその必要はないとし、かたくなに種痘を拒否した。その後彼は天然痘に感染し死亡した。

朱部長はのちに（二年前から）中国の最高軍事顧問をしているヴェッツェル将軍の招聘に協力した。朱部長は親切な人で、私は彼とありとあらゆる問題、とくに教育問題について語り合った。私が以前、中国人から聞いたことに基づき「儒教教育を教育課程から除外したのは、はたして正しいことだったと思うか」と尋ねると、彼は「そのような事実はない。儒教の教育はいまでも行なわれている。ただ教育方法が変っただけだ」と返答した。

翌日は、われわれは中国政府首脳のあいさつまわりをし、その皮切りに羅外交部長を訪れた。羅部長は中国服姿でわれわれを迎えた。彼の顎と口は大きく、眼を半開きにしていた。彼は南方出身の落ち着いた人であった。彼はイギリスで法律を修め、中国でいわば法相の地位に就き、その後張作霖元帥と協力し、元帥の外交政策を指導したこともあった。彼は英語を上手に話したが、われわれとは主に、国際連盟調査団の旅行計画、日中関係および上海事変、満州事変について論じ合った。

次の訪問先は、ドイツでは宰相（首相）にあたる汪精衛《おうせいえい》〔汪兆銘《ちょうめい》のこと一八八三―一九四四。一九四〇年、日本と結び南京に国民政府を樹立。名古屋で病死〕行政院長であった。汪院長は、ひげを全然生やしていなかった。壮年らしい汪院長の上向きの鼻、輝かしい愛嬌のある褐色の眼、きれいな歯並びの白い歯、それに頬のえくぼは特徴があった。彼は親しみやすい顔つきをしている上に、非常にもの柔らかな声で話した。彼は通訳を介して会談したが、欧州はじめ海外旅行の経験は豊富であり、パリに滞在中、多少フランス語を覚えたという。しかし、ときにフランス語の単語をさしはさむことはあっても、彼は通訳を介して話すのを好むようであった。私が彼と二人きりで個人的に話し合ったとき、彼ははじめのうちはフランス語を多少使っていたけれども、やがて英語を話す中国人に通訳になってもらい、「私は一生を中国革命に捧げており、外国語を学ぶ時間はなかった」と述べた。中国の人事録で、汪院長の経歴を調査ずみだった私は、彼に実際に会い意外の感にうたれた。私は断固たる決意をもった狂信的革命家に会うことを想像していたのに、現実の汪院長は、柔和な魅力的な紳士だったからである。これは私ばかりの印象ではない。汪院長を知った人はみな私と同意見であった。その後数日間われわれと中国政府首脳との会談にあたって、汪院長はつねに代弁者の役割を務めた。彼の話す中国語を一言半句も解せなかったが、彼が眼を輝かし、いきいきと語るのを聞くのはまったく快かった。彼は唇に上品な笑みをたたえながら、柔和なリズムのある話し方をした。声のひびきもよかった。汪院長は発言内容に説明を加えるとき、翻訳しやすいように机上においた紙に、何事かを中国語で書き、通訳に手渡した。顔つきばかりでなく手つきにも特徴があった。汪院長の手は大きく肉づきもよかったが、その手を動かすたびに、長い指が外へ上へと屈伸した。私は、弁論、文学、芸術の能力がある理想的タイプの人間に会ったような印象を受けた。私はこのような人物から、使徒や殉教者、また場合によっては宗教の創始者が出てくるのではないかと考えたりした。

私は汪院長が清朝末期の若い学生時代に摂政皇太子の暗殺計画をたて、終身禁固の刑に処せられたが、辛亥革命〔一九一一〕によって解放されたということは知っていた。その後、中国のある高官がもっとくわしい話を私に聞かせてくれた。それによると汪青年は若い他の同志とともに、翌朝摂政皇太子が通るという橋の下に、夜中に時限爆弾をしかけた。あたりは餌を求める犬が走りまわっていた。そのうちの一匹が橋の下にくすぶっていた爆弾を発見した。その犬は気味が悪かったのだろう、大声で吼え出した。他の犬もさそわれてやって来て一緒に吼えたので、ついに警官も様子がおかしいことに気づき、警備隊が召集された。いろいろ捜しまわるうちに、橋の下に時限爆弾を見つけ出した。これを取りはずして、調査をつづけてゆくうちに、暗殺計画が発覚し、汪青年を含む一味が捕らえられた。

当時の情勢からすれば、暗殺団は死刑を宣言され、処刑されることは疑う余地もなかった。何といっても摂政皇太子を暗殺しようという陰謀である。汪青年も訊問されたが、自分の罪を一切認めようとはしなかった。彼は紙と筆を求めると、それに美しい漢字で、「中国が帝制下におかれていることは不幸である。中国は帝制から解放され共和国にならなくてはならない」という趣旨の文章をつづった。このような文章を表わしたことからしても、汪青年が並みの犯罪者ではなく、理想に燃えた、素質のすぐれた人物であることは明らかであった。そこで摂政は恩赦を考え、汪青年およびその一味の死刑を終身禁固に変えさせた(私としては、彼の好感をよぶ人柄が、この決定に大きな影響を与えたのではないかと考える)。汪青年が刑務所にいたのは一年足らずで、間もなく革命が起きて解放された。

汪氏の字《あざな》、精衛については同じ中国の高官が次のようなことを聞かせてくれた。汪氏は青年期にこの名前を与えられた。この名を字義通り解釈すると大体「防衛にあたっては繊細かつ明瞭であれ」ということになる。この名は昔の伝説とつながりがある。離れられないほど親しい関係にある二羽の鳥のうちの一羽が海に落ちて溺死した。もう一羽の鳥は小さなくちばしに砂粒をくわえて、仲間の溺れたところまで運んでいった。砂を海中に落としてゆくうちに海はしだいに干上がり、仲間の死体が再び見えてくると希望したからだという。汪青年は名前が与えられる十六歳のとき、帝政を廃止し共和国をつくるという不屈の意志を表わすために、自らこの精衛という名をつけたということだ。

中国人は子どものとき、第一の名を、自分の生まれた世代を示す家族の名として親から与えられる。大きくなると第二の名がつけられる。第二の名は自分で作ることも

中国軍最高司令官
蔣介石元帥

あれば、友人や教師がつけてくれることもある。中国人に呼びかけるときはこの第二の名前を用いるべきで、彼固有の名前、つまり署名する場合に使う公式の名前で呼びかけてはならない。中国人は知人に手紙を書くとき、相手の第二の呼びかけ用の名前がどうしても思い出せず、そうかといって第一の名前を書いたのでは不作法にあたるので悩むことが多いそうだ。

汪院長を一時間にわたって訪問したあと、われわれは中国陸軍の総司令官である軍事委員会委員長蔣介石元帥〔一八八七―一九七五。後に国民政府首席〕を訪問した。南京の城門を出て明孝陵の近くの小さな丘にのぼると、その頂上に大きな建物と小さな家屋があった。大きい方の建物は役所になっており、小さな二階建ての家屋に蔣介石、宋美齢夫妻が居住していた。われわれは玄関から、広いわりに天井の低い部屋に案内された。これが応接室であったが、前室もないので、外套を椅子の上にかけておくほかはなかった。蔣元帥は夫人〔宋美齢〕をともなって現れた。彼は中肉中背で、大変若々しかった。頭部はやや小さく顔の色つやはよく、鼻すじはまっすぐに通り、褐色の眼は、例の東洋人特有の細い眼ではなく、明るく大きくいきいきとしていた。顎の形はよかったが、極度に発達してはいなかった。だが厚い下唇がいくらか前方に突出しており、これが元帥の顔つき全体に敢闘精神があふれているという印象を与えた。彼は褐色がかった緑色の素朴な軍服を着ているだけで、位階勲等を表わす肩章の類《たぐい》を一切つけていなかった。軍服の茶色のボタンも陸軍らしいいかめしさを示していなかった。強いて装飾めいたものを求めれば、上着のポケットから頭を出している金色の万年筆だけであった。はきものも洋風の短靴で、けっして軍人めいていなかった。

蔣元帥は欧州の言葉は少しも話せず、それに軍からの通訳も同席していなかったので、われわれに同伴した顧博士が、挨拶の言葉をはじめ簡潔に語られた元帥の発言をすべて通訳した。

元帥は信頼のおける人物、有能かつ活動的な軍人として一般から称賛されていた。指揮下にある陸軍が苦戦しているときは、彼は戦場がどこであれ自ら飛行機で乗り込み、作戦指導にあたった。将校たちの道徳を向上させようという元帥の意欲には注目すべきものがある。前述したように彼は道徳向上のための将校の連合「オメア」を作った。この連合には次のような内容をもった十戒を守ることを誓った将校だけが加盟を許された。それは、欲張ってはならない、卑怯な振る舞いをしてはならない、嘘をつかない、高慢であってはならない、怠惰であってはならない、大言壮語をしてはならない、借金をしてはならない、禁酒禁煙を守る、いかがわしい女性と交渉をもってはならない、賭け事をしてはならない、というものであった。

翌日、われわれは汪行政院長邸に招かれた。私は前に法務関係の閣僚をした経験のある羅外交部長の隣席についたので、英語で中国の現状について、興味深く会談できた。彼はその中で、現代中国の法律とくに家族法について語った。彼によれば、中国の主婦の地位は、古来の法律慣習で確立されている。たとえ中国のしきたりを考慮して作られたものであっても、現在の西欧風の法規定よりも昔のしきたりの方が安定している。だがこの分野に限らず、中国の古来の法律慣習は中華民国の新しい法律の中に十分に取り入れられているというのだ。

翌日、われわれは、林森国民政府主席を訪れた。彼は、以前清の副王邸であった屋敷にわれわれを迎えた。この屋敷には、それぞれかならず門がついている内庭をいくつも通って、やっとたどりつくことができた。最初の門前に軍隊が行進し、軍楽隊が西洋音楽を演奏していた。だがその演奏はおそろしく下手だった。まったく異種の音楽を育ててきた中国人が西洋音楽を演奏するのはもともと困難である。

帝制時代の中国では、権力者を訪問する者は門前で頭を地につけて拝礼する、つまり叩頭《こうとう》しなくてはならなかったそうだ。

林主席は、われわれが国民党政府首脳たちの中で初めて会った老人であった。灰色がかった白髪、健康そうな赤ら顔、眼鏡の奥のいきいきとした小さな眼、灰白色のかなり長い顎ひげが彼の特徴であった。林主席は、他の大多数の閣僚同様、簡素な中国服を着ていた。彼はアジア欧米の各国に旅行したけれども、外国語を十分に話すことができないので通訳を通じてわれわれと会話した。彼はわれわれ五人の調査団委員と順番に一人ずつ話し合ったが、かならず「私はあなたの国を訪問しました」といった。ドイツではハンブルクとベルリンに滞在したという。

その日の午後われわれは内閣閣僚たちおよび蔣元帥と初めて長時間の会談をした。汪院長は非常によく情報を集めていて、あらゆる問題についてはっきりと回答した。だが近くわれわれに文書で提出される予定の個々の問題については汪院長はその文書の草案を自分の見解を述べる材料として用いていた。時折、顧博士あるいは他の閣僚から汪院長にメモがまわされたが、それにはわれわれとの会談中問題になった事柄についての注釈が書かれていた。まれには他の閣僚、とくに朱教育部長が汪院長の説明を補足するため発言した。汪院長がつい最近（一九三二年一月末）、いまの要職に就いたことを考え合わせるとき、彼はまったく偉大な業績をあげたとみなされるであろう。

会談は三日間毎日午後に行なわれ、日中双方の係争点についてくまなく討議された。午前中、われわれ調査団は朝食後かならず会議を開き、中国政府に対し、いかなる質問を行なうかを話し合った。

また、私はドイツの代理公使を務めている公使館参事官キュールボルン氏と長い会談をした。彼が長年奉天領事として満州に住み、一九三一年九月十八日の事件〔満州事変〕の際にも同地にいたため教えられるところが多かったからである。私はさらに中国政府の最高軍事顧問であるヴェッツェル将軍、彼と同様、私の古くからの知り合いである陸軍大学校長リンデマン将軍とも会談した。

四月一日、われわれは中国政府閣僚と最後の会談を行なった。その後南京市中を通って、反対側の西側の城門に向かった。その間もわれわれは自分が南京市にいるというよりも広大な野原にいるような気がした。城門を過ぎ、長江の岸に達した。道路の両側には建物がならんでいた。ここでランチに乗り、さらに長江を横断する蒸気船に乗り換えた。対岸浦口は天津に至る鉄道津浦線の始発駅であった。

長江と大洪水

二日半かかった長江遡航の旅は大変変化に富んでいた。広い大河の両岸にある町や村が次々に過ぎ去っていった。長江には多くのジャンクや汽船が浮かび活気があった。川の背後、とくに左岸背後には、つねに山脈がつらなっていた。また先年の大洪水で、全壊半壊した堤防を修理するため、両岸のいたるところで、数百人いや数千人にのぼる労働者が働いていた。五千万人が被災した天災の後遺症が随所に出現しているのが見えた。長江およびその支流の広い流域が洪水の犠牲になり、死亡者はおびただしい数にのぼった。また大勢の人々が襲来する洪水を恐れて逃亡した。彼らの家屋、財産は破壊され、田畑は冠水した。とくに長江北側の低い岸辺には、洪水によってできた黄褐色の土のかたまりが延々と続いていた。もちろん被災地の大部分は修復され、緑野に戻っていた。勤勉な住民たちは災害にもめげず、再び河岸ぎりぎりまで寸土を利用して種を蒔いた。長江の水量は季節によって変動する。冬は水位が最も低いが、夏になると、雨が降ったり、雪解けの水が流れこんだりするため、水位が非常に高くなる。われわれの船の船長は、河底から測ると夏と冬の水位の差は三メートルから十四メートルに達すると語った。ところが先年は水位の変動が十七メートルにおよんだ。漢口のある技術者は、この水位の差は一八七一年の大洪水の時の水位の差と比べても一メートルも多かったと述べた。

一八六一年以来条約開港場になっている人口八万の九江に着き、われわれは上陸した。まわりの景色はよかったが都市の大部分はうす汚く、それに悪臭がただよっていた。とりわけ町はずれの沼沢地には、ありとあらゆる汚物が浮かび、ブタが食物をあさるかっこうの芥溜《ごみため》になっていた。しかも一部の池には墓地がわりに死体が投げこまれていたということだ。九江から車で三十分ばかりゆくと海抜一千五百メートルの廬《ろ》山《ざん》に着いた。その途中、海抜一千メートルあたりに有名な避暑地牯嶺があった。ここははじめアメリカ人宣教師が保養地として開発したところであったが、私の訪問した頃は毎年四千人もの欧米人が夏に訪れる別荘地帯になっていた。漢口で聞いた話だが、牯嶺にはホテル、運動場、プールなどの諸施設が完備し、また付近に登山や古寺巡礼を楽しめる場所もあるという。

漢口と武昌

四月四日の朝、われわれは漢口に着き、官庁の代表者、分列行進をする警官隊や軍楽隊に迎えられた。午後は競馬場で開かれた国際茶話会に招かれた。各国の人々や上流の中国人が大勢集まっていた。この会合の代表者として、ドイツ人の会社経営者ティトゥス氏があいさつした。私は多くのドイツ人と話し合えるので嬉しかった。その翌日、中国の商工会議所、大学、ジャーナリスト、それに労働者の代表者たちと話し合った。その後洪水で破壊された堤防を修復したり、かさあげしたりする工事を見学した。途中、いたるところ氾濫の爪あとが見られた。私を案内したドイツ語が上手に話せる中国人鉱山監督官は、漢口の欧州人居住地の街路は、浸水の水位が一メートル半に達し、さらに、街はずれや農村では、浸水の水位が三メートルにも達したと説明した。そのありさまはいま残っている家屋を見てもはっきりとわかった。安普請《やすぶしん》の中国人の家は洪水で押し流された。家と家との間の交通は漢口市内でも船に頼るしかなかった。浸入した河水は市の中心部で二週間、他の場所ではもっと長い間残留していた。漢口付近の大平原は一面の湖となった。堤防の決壊個所には数千人の労働者が働いていた。彼らはみな水害にあって家も職も食物もなくしたが、使役に出れば食事が支給されると聞き、集まって来たという。彼らは畚《もっこ》で土や石を運んでいた。地盤を固めるには、綱をつけた四角の重い厚板が用いられた。この綱で六人から八人の作業員が厚板を空中に高々とつりあげ、その後、地ならしをする土地の上に、一気に落下させるのだ。湖北省首席がわれわれに語ったところによれば、湖北省は洪水によって最大の被害を受け、三千五百万の住民のうち、二千百万が被災したという。しかもその中の三百万人は家も食糧も失ったので、緊急援助せねばならなかった。われわれが漢口にいたときにも、この種の難民約一万人が収容所に入り、粗末な家に住み、わずかな食事で露命をつないでいる有様であった。最大の収容所には三十万人が住んでいた。今年の収穫も大洪水によって大きな影響を受けることが予想されているが、この春の収穫高は平年のわずか四十パーセントにすぎなかった。とくに氾濫のはげしかった地方はすぐに耕地を再開発できなかった。

午後、イギリス人宣教師の監督下にある被災者収容施設を訪れた。ここには洪水でそれぞれ親や夫を失った孤児や寡婦が生活していた。われわれは中国語、算数、音楽の授業中の子ども学級を参観した。ここに集まっていた五歳から十四歳までの少女の中で纏足《てんそく》のため足の発育の不完全なものがいた。こうした娘を私は漢口以外の都市で見かけたことはなかった。革命後の中国では、纏足は禁じられているはずである。疑問を抱いて私が案内役の宣教師に質問すると、彼は、残念なことに農村地帯では古くからの悪習を簡単に絶滅することができず、纏足によって足の発育を不完全にさせられた少女が大勢いると答えた。また他の宣教師は、纏足をすると非常に苦痛を伴うにもかかわらず、もしこれをしないと、村人から爪はじきにされることを恐れて、少女たちは自ら進んで纏足するのだと説明した。さらに彼は、纏足したため足の発育が止まった婦人が、ときには十マイル〔十六キロ〕も走ったのを見たと言った。

被災者収容施設を訪問したあと、われわれは人口三十万の武昌の市街地を通り、郊外にある立派な武漢大学に向かった。

武昌市内は道が狭い上に不潔であった。大勢の住民が小さな家屋の中にひしめきあって住んでいるようであった。ふつうの民家の窓際や商店の入口には、老若の区別なく、かならず十人ぐらい男女がたむろし、われわれをさも珍しそうにながめていた。われわれの自動車はひどい悪路をほこりを立てて走った（もともと武昌市内には自動車はなく、人力車が往来しているだけであった）。

市街地を抜け、郊外を少し走ると台地に出た。湖にほど近い丘の上に、まだ完成してはいなかったが、洋式と中国式の建築用式を巧みに取り入れた近代的な武漢大学の校舎が見えた。校舎の屋根の上には寺院風の飾りがあった。これは北京の寺院を模範としていたように思われる。大学は壮大な建物群からなっていた。

われわれは、まず中国人の男女の教授に迎えられた。中には大変若々しい人もいた。また建物の外側や、入口の広い階段に、百人ばかりの男子学生、三十人ほどの女子学生が集まり、われわれを歓迎した。

やがて茶話会が始まった。私は多くの教授たちと語り合った。とくにかつてイギリ

当時の中国奥地

スに留学し、英文学を教えている女性の教授、それに哲学科の教授と意見を交した。哲学の教授は中国哲学、仏教哲学の他に、西洋哲学概論も講義しており、講義はすべて英語で行なっていると述べた。武漢大学では、ドイツ語担当のドイツ人教授、英語担当のアメリカ人教授を除き、教授たちはすべて中国人であった。

中国共産党の進出

中国奥地での商業の中心地漢口で、われわれは中国の現状、とくに国民政府の支配する地域の中に、共産主義がどのように浸透しているかについて興味深い情報をえた。

それによれば、漢口からあまり離れていない場所で、すでに共産主義者の活動が始まっていた。漢口に長く住んでいた人が語ったところによると、漢口市から二十キロから二十五キロ南には、それよりさらに南方に駐屯する多数の共産軍団の前哨として、少数ながら共産軍部隊が進出していた。漢口西方のやはりあまり遠くない所に共産軍が陣取っていた。長江両岸にも共産軍と流賊がいたが、両者を区別することは容易ではなかったらしい。

漢口と上流の宜昌の間では、長江を航行する船が両岸から射撃された。われわれが漢口に滞在した数ヵ月後、汽船すら共産軍あるいは流賊から攻撃された。

漢口北方には、訓練がゆきとどき装備もよい六千から八千の兵士をかかえる共産軍の将軍賀竜が陣取っていた。彼は元は政府軍の将軍で、青年将校時代ドイツで軍事学を学んだということだ。彼の司令部のある周辺の土地は共産軍の支配下におかれていた。彼はさらに各地に連絡員を配置していた。どこかへ旅行しようというものは、まず居住地の連絡員に、隣接地区の連絡員あての証明書を書いてもらわなくてはならない。次に旅行者が隣接地にいってその地の連絡員に証明書を渡すと、その連絡員がまた次の隣合わせの地区の連絡員あての証明書を書くという仕組みになっていた。この組織は共産軍支配下にある他の地方でも行なわれていた。

漢口から北京に至る鉄道京漢線上の停車場は何度も繰り返し共産軍や流賊に襲撃さ

れ略奪にあった。列車もときには停止を命ぜられ、乗客は金品を奪われた。ごく最近の列車襲撃事件は、われわれが漢口に着く二週間前に起こった。国民政府軍は京漢線沿線を警備していたけれども、共産軍が勇猛なだけに完全に防衛することはできるわざではなかった。こうした事情から中国の友人たちは、われわれが北京に行く方法として、京漢線を利用せず、もう一度汽船で南京に戻り、さらに浦口から天津に向かう鉄道津浦線を利用して北京に行くよう勧めた。

共産軍の活動はいろいろな分野で見られた。われわれ調査団の各委員は、一九三二年四月五日付武昌発の「国際連盟調査団に警告する」という手紙を受け取った。末尾に「中国青年プロレタリア連合湖北支部」と記した手書きガリ版刷りのこの手紙は、まず「あらゆる徴兆からして、リットン調査団は平和の使節ではないことが証明された。調査団は国際連盟という国際的強盗組織のスパイで、中国分割のパイオニアであり、中国民衆プロレタリアの敵、世界の被圧迫民族の敵である」と書き、次の呼びかけで終わっていた。

一、帝国主義の番犬、国際連盟調査団を打倒すべし
二、国民党政府を打倒すべし

三、われらの祖国ソ連邦を支持すべし
四、中国における共産党政府を支持すべし
五、世界戦争に反対すべし

われわれが乗った汽船が立ち寄った長江沿いでは最も南にあたる都市九江の西部には共産軍が集合しているとのことであった。湖南、江西両省の一部も共産軍の支配下におかれていた。

一九三二年〔昭和七〕、蔣元帥は共産軍に対し大作戦を展開し、この年の終り、彼は湖北・湖南両省から共産軍をほとんど追放するのに成功した。(2)

しかしさらに南方の共産軍の活動を封ずるところまで行ったとき、日本軍が進撃し、民衆の内戦反対の声が高まったために、国府軍は北方に帰還せざるを得なかった。その結果、共産軍は再び江西省で地歩を固め、確固たる地位を確立した。

長江上流の汽船の往来は数年来急激に増えた。長江上流の急流すら航行できるようになったことは大改革というべきであった。急流を航行するために三隻の汽船が用意された。これによって六万人にのぼる中国人の曳船作業員が失業した。それまではジャンクですら百人から五十人の作業員が一隻にかかりきりで一月かかって上流まで引き上げたものだ。こうした作業は馬力のあるエンジンを備えた蒸気船の出現で不要となった。生活の糧《かて》を失う以上、付近の住民が新事態に敵対的態度をとるのは当然のことである。

われわれは四月七日、再び南京に着いた。この日閣僚たちは廬山《ろざん》に赴き、ここで閣議を開いていた。彼らは重大な政治問題を討議するため、わざわざ出かけたということである。しかし羅外交部長だけは南京に残留していた。われわれは、一九〇五年〔明治三十八〕十二月に行なわれた日清会議に関する記録の原文と写真コピーを見るために外交部に赴いた。当時の日清間の取り決めが、日本といまの国民政府間の条約として、なお当てはまるかどうかについて、日中間に意見の相違があったからである。

羅外交部長は「満州国」については何の報告も受けていないと述べた。新聞報道によれば「満州国」は中華民国との関係を断絶しようと欲しており、国際連盟調査団の中国側参与員顧博士の満州入りを拒否しようとしているとのことであった。

調査団はこの問題について会議を開いたが、結局、「調査団は一本化されたものであり、顧博士に対してとられようとしている措置は、重大なる危機を招来するものである」ことが確認された。この会議の確認事項が「満州国」に伝達されたか、あるいは、「満州国」がそれを受け取ったかどうかを、確かめよとの要求とともに、この確認事項が日中二人の参与員に通達された。その後われわれは小型蒸気船で、すでに特別列車が待機している浦口に渡った。

張学良元帥

張作霖、張学良父子

最近は北平とよばれている北京についたのは四月九日午後六時前であった。北京駅では軍楽隊が演奏し、軍隊が分列行進する中を大勢の人々が歓迎に現れた。シルクハットをかぶり黒い洋服を着た若い張学良元帥〔一八九八―二〇〇一〕とその幕僚たち、大部分が洋服姿の中国要人、つづいて各国外交団の人々が出迎えた。私はとくに、中国駐在のトラウトマン・ドイツ公使をはじめ公使館幹部に歓迎された。

張元帥は三十代に入ったばかり、鼻がいくぶんとがり、黒い口髭を少しばかりたくわえた好感のもてる顔つきをしていた。目は輝き顔色は青白かった。彼は、英語も少しは話せるけれども、複雑な問題だと交渉できなかったので、われわれと会談する時はかならず通訳をつけていた。

われわれとの会談で、中国側で意見を述べるのは、ほとんど張元帥ばかりであった。彼は原稿なしで自由に語り、メモを用いることもめったになく、知性豊かな人物であることをはっきりと示した。あらゆる問題を平易に語り、しかも専門的な複雑な問題もすっかり理解した上で発言した。その上、ある種の問題になると雄弁になり、第一印象から想像されるよりも、はるかに個性が豊かであることを示した。彼は満州事変発生までのいきさつと満州問題について語った。この「若き元帥」が二十八歳という年齢で、ドイツの二倍もある広大な地域内で実権を握った時の状態は、まったく苦難に満ちていた。

晩年、「老元帥」とよばれた彼の父張作霖〔一八七五—一九二八〕は、満州で実権を握るばかりか、これを維持しつづけた才能のある人物であった。張作霖は流賊の頭目から人生を始めた。長年満州に暮したある欧州人が語ったところによると、彼は中国人の中流農家に生まれた。理由はわからないが彼の父は地方長官の怒りを買った。長官は警官を派遣して彼の父を捕らえたばかりか、家を焼かせた。他の家族は行方不明となったが、張作霖は脱走できた。父が牢獄で死亡したのを知った彼は復讐を誓い、流賊の群を率いて例の長官を襲い家族もろとも血祭りにあげた。その後も彼は流賊の頭目をつづけたが、実行力があり頭もよかったので、やがて大流賊団の頭目にのし上がった。日露戦争の際は日本軍と協力して戦い、戦後は軍事能力が認められた上に、日本軍から譲り受けた近代的な兵器と装備をもっていたおかげで軍隊の指揮官に選ばれた。このように流賊の頭目が正規軍の指揮官に転向することあるいは逆のケースは、中国ではさほど珍しいことではない。辛亥革命の時には彼は重要な地位を獲得し、ついに中国人が常に満州のことを指して呼んでいる「東三省」の押しも押されぬ支配者となった。強力な軍隊を指揮するようになった張作霖は、中国軍閥の将軍たちと闘い、華北はおろか中国全土の実権を得ようと努めた。彼は北京を占領した。ある時期には、功成り名とげて中国最大の権力者となった感があった。

しかし一九二八年六月、彼は国民政府の北伐軍との戦闘にやぶれ、北京を捨てて奉天に帰らざるを得なくなった。そして、奉天に着く寸前、彼は暗殺された。京奉線〔北京—奉天〕の上に立体交叉して満鉄線の鉄橋が架かっていたが、ちょうど張作霖を乗せた列車が京奉線の線路上を通ったとき、六月四日午前五時三十分頃、満鉄線が爆破されたのである。爆破作業はきわめて巧みに準備され、満鉄線の重い鉄橋の一部が張作霖の特別車両の上に落下し、これを完全に粉砕した。しかしこの瞬間、元帥自身は自分の車両ではなく、前部の車両で随行していた中国の将軍と話し合っていた。

この車両も爆弾の破片で大損害を受け、同乗の将軍は即死し、張元帥も重傷を負い自動車で自宅に運ばれ、まもなく死亡した。

中国人の間では張作霖暗殺事件を引き起こした犯人は、南満州鉄道を所有し経営している日本人のうちのだれかであるといううわさが広まっているが、これまでの調査では、まだ真犯人はあがっていない。(3)

張作霖の長男張学良はそれまでまるで皇太子のように手厚く養育された。彼は十九歳で父親の軍隊に入り、二十一歳で大佐、二十二歳で旅団長、二十四歳で軍団長となり、父の死後は二十八歳で東三省の最高司令官、事実上の支配者となった。二年後、張学良は、キリスト教徒の馮玉祥《ひょうぎょくしょう》ら将軍たちが蔣介石元帥および国民政府に反旗をひるがえして闘ったとき、蔣元帥らを支援することによって、全中国の成り行きに決定的な役割を演じた。張学良の援助で蔣元帥はきわめて強力になり、反対派の将軍たちが敗退したからである。張学良は中央軍副司令に就任した。

しかし、彼が本営を奉天から北京に移したとき、例の一九三一年九月の柳条湖事件とそれにつづく日本軍の進撃という事態が起こった。日本軍は満州を占領した。これらの事件はわれわれの会談の主なテーマに取り上げられた。張学良元帥は自ら中国語で語り、それが通訳された。彼は時に、幕僚長に話させることもあり、他の顧問がポツリと口をはさむこともあった。時たま張元帥の隣に坐っている顧博士が、中国語であわただしく書いた紙片を元帥に手渡し、また他の紙片を元帥と同席する顧問にまわすこともあった。「若き元帥」はこの紙片も自己の主張を述べる際に利用した。満州事変が起こったとき元帥が衝突を避けるよう彼の軍団に命令したというのは注目すべきことである。数の上では完全に劣勢な日本軍が夜間手榴弾と小銃で奉天の中国軍の兵舎北大営を襲撃し、脱出しなかった中国兵を殺害したことを考え合わせると、中国軍の指揮官や兵団は、あまりにも忠実にこの張元帥の命令に従ったのではないかと思われる。

われわれは張元帥およびその幕僚との会談の他に、調査団に貴重な資料を提供してくれたいくつもの会談を行なった。ともに経験豊富な人物であるという印象を与える張作相前吉林省首席、万福麟前黒竜江省首席との会談はとくに有益であった。またモンゴル〔蒙古〕の王侯とその随行者、合わせて十二人との会談は興味深かった。モンゴルの王侯の顔かたちや、彼らの発言には好感がもてた。第一の発言者は灰白色の毛髪、白い顎鬚を長く垂らした年とった王侯の一人であった。彼は、内モンゴルでも外モンゴルでも、彼らが満州事変の発生で苦しい立場にあることを強調した。そのあと眼鏡をかけた王族が発言し、さらに、数人の諸侯が語った。その中には顔の両側に黒く長々と垂れ下がる頬髯を生やし、見るからに勇敢そうな人物もいた。彼らの一人は、完全に共産主義の支配下におかれた外モンゴルから共産主義者たちが内モンゴルの隣接地域に侵入し、従来の支配者を駆逐して、共産制を導入したと述べた。もちろん内モンゴルの主要部はまだ共産主義者の手には落ちてはいなかった。

通訳は、アメリカのハーバード大学を卒業し、英語を大変上手に話す「勤王旗手」であった。彼は自分は満州族であると述べながらも、満州族は実質的に消滅し、中国人〔漢民族〕に完全に同化してしまったと明言した。彼は出身地である満州のある地方で、自分の家族や親類を発見しようと試みたが、完全に満州族で自分の血縁者であるという者をだれ一人確認することはできなかったと述べた。このほか彼はこんなことも言った。

「あなたの運転手かだれか、お会いになった人が満州族であることもありましょう。ですが、この人たちをふつうの中国人から区別することはもはやできなくなりましたよ」

ここで私が長い間中国にいるドイツ人医師から聞いた話を紹介しておこう。彼の話に出てくる満州族もいまの通訳と似たようなことを述べたからだ。この満州族はイギリスに留学したことのある医師で、彼も妻も純粋な満州族であった。だが彼は、満州族で漢民族と結婚するものが多かったので、純粋な満州族はほとんど満州に残っていないという意見であった。彼はドイツ人医師に「私はまだ満州語を話したり、書いたりできる少数者の一人だが、妻は満州語を話せず、自ら満州族であるより漢民族だと思っている」と語ったという。

モンゴルの王侯らの主張したことは、はっきりしており、よく理解できた。外モンゴルにおいて共産主義体制ができていることも、満州における新しい動きも、あまり歓迎すべき現象ではないことを、彼らの大多数が感じているようであった。彼らは収入の大部分を失い、中には住居を北京など、満州以外の土地に移さざるを得なかった者もいた。彼らは、当然のことながら、昔はよかったと思い、最近の状況には不満であった。しかし、満州に残留している大部分のモンゴル人が別の立場をとっていることは、のちにわれわれが満州を訪れた時はっきりとした。

張学良元帥は、ある晩、われわれを歓迎するため、清朝の皇太后、西太后〔一八三五―一九〇八〕が未亡人となったあと住んでいた宮殿で大宴会を催した。応接間には、西太后が謁見の際坐った、玉座の形をした広い肘掛椅子がおかれ、木彫細工、絵画、絨毯、壺が広間を飾っていた。肘掛椅子の前のガラス箱の中に硬玉の飾りがついた一種の王笏があったが、これは新年のあいさつの際用いられたとのことであった。

宴席には、リットン調査団全員の他、外交団や中国の実力者たちがつらなった。張学良元帥は中国語で長い歓迎のあいさつを述べ、やがてこれが英語に通訳された。その中で元帥は満州事変の原因と彼が南京の国民政府と協力して推進している政策について言及した。あいさつを終わるにあたって元帥は正義と真理に基づく解決だけが持続的平和をもたらすものであると強調した。驚いたことに、元帥はこれに関連して英訳された私の著書『ドイツの植民地政策、過去と未来』（これは英訳の題で原題は「植民地の過失にまつわる嘘言」）に言及し、「嘘やデマは真理と正義に対抗して、長時間存続することはできないし、文化的で勤勉かつ平和を愛する偉大なる民族の存在ならびに発展の権利を阻害することもできない」という私の著書の結論をたくみに引用した。

中国人の特色

北京には、庭園、宮殿、寺院が数多く存在し、西方はるかかなたに山岳が連なっていた。ホテルからの眺めは大変すばらしかった。この古都に滞在して、痛感したのは、中国文化がいかに偉大な発展の道を歩んだかということであった。

北京の巨大な城門の中にあって、一部をさらに城壁で囲んだ宮殿紫禁城の中に、美術館となっている古い建物があった。これは最高の芸術品であった。かつては清朝の所有物であったが、いまは見学客が自由に参観できるようになった数々の芸術品、絵画、木彫、貴重品は、いずれも奇跡の産物であろう。このほか北京の寺院や建物には、ヨーロッパ全体がまだ文字を知らない石器時代の闇の中に眠っていたころからあった古い中国文化の高さを示す品々、記念碑や石に彫られた文字などが展示されていた。何世紀にもわたって中国の皇帝たちが宮殿を構えた北京、中国におけるあらゆる分野での業績、成果が集積されたこの北京においてこそ、中国人がいかに文化的な偉業を成し遂げたかを、はっきりと理解できるのだ。

北京の町を散歩するだけで、古代からの芸術と学問の偉大なる発展の跡を探ることができた。とりわけ強く印象づけられたのは、中国では昔から学問と教養に対し高い価値が認められていたことであった。大図書館、学生の教育ならびに試験のための施設とりわけ、後世、孔子と彼の弟子たちへ与えられた栄誉は、このことをはっきり物語っている。中国の学問は多くの分野で太古から大いに発展し、西欧民族が近世近代になってやっと達成したことを早くから成し遂げていた。

私は北京の国立図書館長に会って、中国人の歴史家が書いた一貫した中国通史はないのかと尋ねると、彼はただちに「そんなものはない」と述べ、さらに中国の歴史家はふつう漢なり明なり中国史の特定の時代について著述をするが、それだけでも何巻もある大作になると述べた。どのように偉大な労作が中国語で記されたかは、一七八一年に完成した世界の文献の中でももっとも広範なエンサイクロペディアである『四庫全書』が証明している。

何千年も前から中国では学問と教養が高く評価された。他の国では、たかだかある特定の短い時期にしかこのようなことはみられなかった。もっとも万里の長城を建設した秦の始皇帝が、紀元前二一三年に儒教関係の書物をはじめ当時伝わっていたほとんどすべての書籍の焼却を命じ、さらに始皇帝のこの焚書政策を非難した書生たちを坑埋《あなう》めにしたために、中国文化は衰退した。その後、隋の文帝〔五四一—六〇四〕が科挙という試験によって官吏を採用し、最高の官職にいたる官吏の昇任も繰り返し、試験によって決定するという行政制度の基礎をつくった。このため中国人は能力さえあれば、生まれはどうあろうと、最高の官吏になる道が開けた。

昔は学問といってもほとんど古典の学習に限定されていた。古典の学習は一面的である半面、一貫した教養でもあった。今日では現代の教育を受けようという中国人が西欧の学問も学ぶようになったため、多少事情がちがってきたけれども、古い教養はいまなお中国人の心の中に生きている。私は教養ある中国人が中国史の個々の王朝について、また芸術品の制作年代について、あまりにもくわしく知っているのに驚かされた。中国の教養人が、二、三千年前中国を支配した王朝についてもっている知識は、なみの西欧人が、三、四百年前の自国の支配者について知っていることよりも、はるかに正確である。いまでも中国では教養が重視されている。学生の地位も高い。あるとき学生たちが政府の政策に反対して、外交部の建物の窓に投石したばかりか、外交部長を腕ずくで攻撃したことがあったが、彼らの行動は一般からは寛大な目でみられた。

一ヵ月ほどの滞在で、中国人の本質について意見を述べるのは無理な話だが、中国在住の外国人などの意見を参考にすれば、中国人の特徴がおぼろげながら理解できるようになる。中国に来てまず注目されるのは、中国人の家族間の結びつきが強いことと、子どもの数が多いことである。どこの商店でもよい、一歩店の中に足を踏み入れると、年齢はさまざまだが、二人、四人、六人、八人いやもっと大勢の人間がたむろして仕事をしたり、遊んだりしている。人に尋ねてみたところ、彼らは、血縁関係に遠近のちがいこそあれ、全員店主の親類筋だということであった。

家族は中国人の基盤である。「孝」はあらゆる義務の中で最も重要である。ついで家族、親類に対する義務が重要視されている。西欧諸国と比べ、親類縁者の世話をやき、養育する義務ははるかに重大である。この道徳観念によって、中国人の血族間の結束は西欧人のそれと比べてはるかに強力である。中国人の結束にとってもう一つ重要なことは祖先の崇拝である。これは中国人の思考方式の中核であって、中国人が自分の死後、霊魂を弔ってもらうために、多くの息子、少なくとも一人の息子は絶対に必要と考えていることも、これに関連している。中国人のこうした観念、それに中国人の生殖力のさかんなことがあいまって、彼らの家系は連綿と維持され、子孫の数をどんどん増やしてきた。

このような家族の紐帯の強さが、はっきりとわかっても中国人の性格について正しい考えをもつことはむずかしい。私が旅行中、中国人と接したかぎりでは彼らからまったくよい印象を受けた。しかもこのことは、われわれ調査団の視察旅行の上で交渉があった高い教養と才能をもつ政治家、学界、財界の指導者ばかりでなく、人力車夫などたまたま接触した下層の人々をふくめ、あらゆる種類の中国人について当てはまることである。しかも、生存するのがやっとという貧しい生活をしている下層の人々の間にも、西欧民族の貧民層の間ではふつうは発見することのできないような美徳——生活がつらくとも心の平和を維持しよう——という美徳がゆきわたっているとの印象を受けた。

わたしは街頭で中国人がはげしく争ったり喧嘩しているところをついぞ見たことはなかった。逆に彼らは、喧嘩する理由があっても、上品に譲歩し合っているように思われた。もう少しで自動車の車輪の下敷になりそうになって、そのために衣服が大損害を蒙った場合でも、中国人は西欧人のような激情をけっしてあらわさなかった。なんといっても中国人は一般に平和的国民だとの印象を受けた。中国人自身も、過去および現在の彼らの指導者が主張しているように、平和愛好を中国人のすぐれた特質とみなしている。

これが中国人の素質そのものの中に存在するのか、あるいは何千年も以前から中国人の間に普及し、かつ尊重されてきた孔子とその弟子たちによる儒教道徳の成果なのかは、一外国人にとって結論づけることが難しい。このほか理解の早いこと、融通性があることなども、一般に中国人特有の性質ではないかと思われる。

外国からの旅行者は、当然のことながら、型にはまった印象しか得られないが、十年も住んでいる人々は中国人をはるかによく理解できる。使用言語はまちまちだが、これらの人々の意見を、彼らが言い表したままにまとめると、中国人は道徳堅固な性格をもつ善良でしかも高貴な民族であるということだ。長年中国に住む欧州人たちは、親に対する愛情、子に対する愛情、家族間の愛情などいろいろな面で、中国人は西欧の人間よりもすぐれていると、繰り返し私に語ってくれた。

　中国人も他の国民と同様、長所がある半面多くの欠点があることは言うまでもない。その一つに数えられるべきものは、いわゆる squeeze《スクウィーズ》〔文字通り訳すと抑圧、搾取〕の流行である。これは古くからの伝統的習慣で、だれでもできるだけ好機を見逃がさず他人の金を自分のふところに入れてしまうことである。ボーイは買物の世話をするとき釣り銭をごまかし、役人は国庫などに収めるべき金の一部をピンハネし、上役は部下の給料を支払う前にその何パーセントか上前を着服するというわけだ。中国人のもう一つの欠点はアヘンの吸飲で、その絶滅のための政府、関係筋の努力にもかかわらず、あいかわらず流行している。このほか、人を傷つける強盗、流賊の類からこそ泥にいたるまで各種の盗人が横行していることも中国の汚点にかぞえられるであろう。たしかにこうした暗い面は数多くあるが、それでも公平な観察者は、中国人は一般に大変明るく、美しい特質をもっていると考えている。

万里の長城

　われわれが満州旅行に出かける前の日曜日、張学良元帥は万里の長城の見学に誘ってくれた。停車場には夫人を同伴した張元帥、リットン調査団のほとんど全員、それにやはり夫人を同伴した中国の名士たちなど大勢が集まった。

われわれは特別列車に乗り、途中数駅に停車しながら、二時間後、南口峠に達し、その次の停車場で下車した。駅前にわれわれを万里の長城まで運ぶ椅子つきの轎《かご》をかつぐ要員が待機していた。長城は山岳の尾根伝いに走っていた。とくに山頂を通る長城の一角に立って下界を眺める光景は格別であった。ここからは長城をはるか遠方まで見わたすことができた。見方によっては長城が一本ではなく、六本、あるいは八本もあるようであった。長城が多くの山の尾根伝いに走るため、いくつも重なって見えることがあったからだ。

長城は北狄の侵入を防ぐため紀元前二一四年に築かれた。しかも建造者は秦王朝始祖、封建制度を廃止し、学問的な書物を焼くこと〔焚書〕を命じたあの始皇帝であった。世界で最大の土木工事を行なうため中国民衆に何という重労働が課せられたことであろう！　前述の封建制度の廃止と焚書という強力な施策によって抵抗を排除するためにいかなる強制が必要であったろう！　たしかに始皇帝は、迷信的なもろもろの観念や彼を滅ぼすぞとおどす霊魂に対する恐怖に満たされていた。しかし、この意志の強い支配者は、死ぬまでおのれの支配を維持することができた。

彼の死後、秦は数年しかつづかなかった。後継者である彼の息子に対する反乱が起

明陵への道

明陵入口の門

こり、王朝は滅亡した。勝利者となった反乱指導者同士が闘い、ついにその中から新王朝、漢王朝の始祖となる者が出た。漢王朝は数百年つづき、今日でも中国史上最盛の時期だったとみられている。

長城を訪れたあと、われわれは列車で南口峠まで戻った。その後男性客は婦人たちを列車内に残し、自動車で砂塵の中を明陵に向かった。道路は非常に悪かった。路傍に最近つくられた壕がいくつも見受けられた。あとで聞いたところによると、これらの壕は、実はこの地区で闘った中国の将軍たちが掘らせた塹壕だということであった。張学良元帥もこの辺で将軍たちと戦闘したという。

ほとんどが砂地の不毛の土地を一時間半ばかり走ると、明十三陵の入口に達した。ここに龍などの彫刻のある豪華な大理石の門があった。明陵全体はまったく驚くべきほどの規模でつくられていた。それぞれの部分の中間には一辺が数百メートルに及ぶ方形の広場があり、建物群から建物群に至る道路が通じていた。ここに埋葬された十三人の明朝の支配者の大宮殿を思わす本来の陵墓は、丘陵のふもとにあった。そしてこの丘陵の頂上に向かって、明陵建造者成祖永楽帝《えいらくてい》がつくらせた一個所だけ曲っている道が通じていた。しかもこの道の途中に、永楽帝自身の陵墓があった。この陵墓は明朝の三代目のこの皇帝の死ぬ十五年前の一四〇九年につくられた。

前述の広場に向いて出入口のある建物がそびえ立っていた。そのあと、実物よりはるかに大きい大理石製の動物像で両側を飾られた参道が通っていた。表現されている動物は、麒麟《きりん》など想像上の動物や、獅子、象、駱駝《らくだ》、馬など、また政治家や軍人の石像もみられた。そのあと、再び建物があり、さらにその先の丘の近く、高い樹木の群に囲まれた宮殿があった。

永楽帝の棺そのものは、末端が巨大な防壁を備えた強力な要塞となっている宮殿の背後の丘の中に納められていた。丘の上には寺院があり、ここに永楽帝の霊が祀ってあった。聞くところによると、この人工的につくられた丘の中にある帝の墓室には巨大な建物の下に一本の秘密の通路があった。しかし、この通路に達するには、それをおおう寺院の建物をすっかり除去しなければならないというのだ。中国人の語るところによれば、この皇帝の墓所は黴菌《ばいきん》ですっかり汚染されており、墓所に侵入しようとする者は、病気にかかって死んでしまうという。この点ピラミッド内の墓所をさぐった学者達が次々に死亡したというあのエジプトのツタンカーメン王の呪いの伝説が想起される。

この明陵のスケールの大きさはたいしたもので、入口の大理石の門から終点まではほとんど見通しがきかないほどだ。わたしが西欧の国々で見た多くの墓地やその他の記念碑の中で、このような規模の大きなものは一切ない。これらの人々のもともとの出身地の無限に広い草原が、われわれ欧州人のようにおそらくどちらかといえば森林や山岳地帯出身の人種の場合とはまったくちがった数量に関する観念を発達させたように思われる。

とりわけ注目すべきは、こうした巨大な施設がもともとは身分の低い家系出身の支配者によってつくられたことである。南京にある明朝初代皇帝の洪武帝の陵は最終目的地に達するまで、もろもろの中間の建物があったり、長い並木道があったりして、きわめて大がかりである。この明の初代皇帝は、小さな農家の息子であった。ところでわれわれが北京付近で訪れた、さらに大がかりな明陵は洪武帝の息子の一人永楽帝が建造した。洪武帝は早く亡くなった長男の息子、恵帝を後継者にした。しかし永楽帝は亡父の意志に反し、若い皇帝つまりおのれの甥に反旗をひるがえしてこれをしりぞけ、永楽帝として明の帝位に就いたのである。

訳注

（1） 満州事変が起こると、上海における排日感情は極度に高まり、抗議集会や日貨ボイコット運動がさかんとなったが、中国第十九路軍と日本海軍陸戦隊が最初に衝突したのは一九三二年（昭和七）一月二十八日のことである。その後戦闘がはげしくなると日本陸軍も派遣された。中国軍が退却し、日本軍が戦闘を中止したのは三月初め、停戦協定ができたのは五月五日である。

（2）満州事変当時の中国共産党の勢力について、リットン報告書は次のように述べている。「福建、江西両省の大部分および広東省の一部は、信頼すべき報道によると完全にソビエト化されている。共産党の範囲はさらに広く、長江以南の中国の大部分および長江以北の湖北、安徽および江蘇各県の諸地方にまたがっている。上海は共産主義宣伝の中心地となった。共産主義の個人的シンパをおそらく中国のすべての都市に発見できるだろう。いまは二個の共産主義地方政府が江西および福建で組織されたのにとどまっているけれども、比較的小さなソビエト組織は数百に達している。共産主義政府自体は地方の労働者・農民の会議によって選挙される委員会により組織される。この共産主義政府は、実際は中国共産党の代表者によって支配されており、中国共産党はその目的のために訓練された人員を派遣し、しかも、その派遣人員の大多数はさきにソ連で訓練された者である。中国共産党中央委員会の支配下にある地方委員会はまず省委員会を支配し、省委員会はさらに県委員会を支配している。かくして、工場、学校、兵営などの中に組織された共産主義細胞に及ぶわけである」

（3）周知のとおり、張作霖暗殺は事実日本軍人によって行なわれた。主謀者は関東軍の河本大作大佐で、彼は張暗殺によって満州における日本の地歩拡大をねらい綿密な計画を立てた。爆破作業を実際に手がけたのは東宮大尉らである。その際中国人苦力《クーリー》を二人殺害して死体を横たえ爆破を彼らの仕業とみせるトリックなども用いたが、日本軍の行なったことだとの非難は第三国でも高まり、この事件をきっかけに田中義一内閣は総辞職した。

第三章　満州事変のあと

南満州の大平野

四月十九日夜、われわれは北京を発って満州に向かった。河北省の海岸で大型船が入港することのできる唯一の港、秦皇島には、われわれの到着にそなえて、その翌日の午前、四千トン級の中国軍艦と、日本の最新駆逐艦二隻が待機した。私とクローデル将軍、吉田参与員その他数人は、日本の艦隊司令官が搭乗する八百五十トンの大型駆逐艦に乗り込んだ。

航海はすばらしかった。まず、中国の山々が迫っている海岸が視界から遠ざかっていった。望遠鏡を使うと、海岸すれすれのところからはじまり、かなり高い山のかなたにのびて行く山海関を起点とする長城を眺めることができた。日露戦争で有名になった旅順港のそばを通ると、港に入る狭い湾口が見えた。日本軍がたくみにこの湾口を封鎖したのでロシアの軍艦は港外に出撃することができなかったという。

さらに海岸に沿って進むと、有名な海水浴場星ケ浦が見えた。丘の上の庭園や公園の中に多くの別荘や数軒の大ホテルが立ちならぶ光景は、好ましい印象を与えた。そのそばに煙突、石油タンクの林立する大連市の一部が見えた。なおしばらくのあいだ山が迫っている海岸に沿って進んだ。そのうち艦は速度を非常に落として、険しい山の周囲をまわりやっと広々と開けている大連港に入った。港内は大連の繁昌ぶりを示すように汽船や帆船で賑わっていた。市街地は山を背負った平原沿いに長くのびていた。

大連の人口は四十万人、四分の一が日本人、四分の三が中国人によって占められていた。白人の数は少なかったが、私が見物した街区では圧倒的に洋風建築が多いとの印象を受けた。これらの建物は日本人の手で、ロシア人のプランに従って建てられた。日露戦争中、日本が大連を占領した当時は市街地のごく一部しか完成していなかったのだ。

南満州鉄道沿線で、われわれの旅行について諸事万端の面倒をみてくれたのは、われわれと行を共にした有能な満鉄の金井章次支配人である。荷物の扱いや自動車、鉄道の連絡は万事うまくいった。そして、時間通り奉天行きの旅行が始まった。列車はまず遼東半島南端の山地を通り起伏の多い地方を過ぎ、さらに丘陵のある平地に出た。どこもかしこもまだ作物の芽は出ていないが、よく耕された土地ばかりであった。中国本部でも日本でも、耕地は細分化され、まるで園芸のように作物が栽培されていた。だが、ここ満州の耕地はさすがに広大で、その大がかりなことは北ドイツの耕地に匹敵した。移住者には、故郷にいたときよりもずっと広い土地が与えられていた。故郷では一ヘクタールの土地でもあれば大百姓とされた中国本部の農民はここでは何倍もの土地をもたなくては、富農とはみなされなかった。

作物は主として大豆と高粱《コーリヤン》で、他に小麦などの穀類があった。耕作にあたっては馬、ときにはラバが犂《すき》をひいた。畑地の間に単純な粘土作りの家がみられた。住民の数は多く、服装から判断すると大部分が中国人であった。時折、畑地より一段と高い場所に墓地のある丘があることからも、住民のほとんどが中国人であることがわかった。列車は、ヨーロッパ風に煉瓦と石でつくった建物ばかりの町をいくつか通過した。

列車が横切った数本の川には、ほとんど水が流れていなかった。しかし広い河床は、ときには大量の水が流れることを示していた。ついに列車は西方にはてしなく広がっているものの、東方では遠方に山脈がかすむ大平原に入った。小さな森や林が時折みられたし、リンゴなどの果樹も、あちこちに植えられていた。それでも車窓から見える限り、大森林はなかった。南満州のこの地方は一口に言って、肥沃な土地、勤勉な住民が一所懸命に耕作した土地だという印象を受けた。

奉天とその近郊

列車は多くの都市を通り過ぎた。その中には日露戦争の戦場として有名な遼陽や大製鉄所のある鞍山などがあった。夕方、われわれは奉天に着いた。奉天の日本人街では円形大広場から放射状にメインストリートが出ており、大がかりで近代的な装いをこらしていた。われわれはこの奉天で一九三二年、三度目の早春を迎えたわけである。ホテルの窓から見ると、奉天は森と公園のまっただ中にある都市のように思われたが、一歩外に出ると、ただ二つのあまり大きくもない公園があるだけであった。その他、道路に沿って住宅の庭や並木があった。丈の高い老木の林の中にある清朝二代目の皇帝太宗〔文皇帝。一五九二―一六四三〕の墓〔東陵〕に行くには、自動車で二十分もかかった。

東陵は生存中の皇帝のために建てる広大な宮殿のようなつくりであった。その中には、いろいろな建物や寺院があった。墓所は丘の上にあり、その入口は見えなかった。墓所は単に地下にかくされているばかりでなく、外部からのあらゆる侵入者から守るために、巨大な石造の建物で覆われているということであった。この東陵と同じように厳重に守られていたのにもかかわらず、北京から百四十キロ離れたところにある西太后の陵は盗掘され、遺体と一緒に埋められた貴重な装飾品が掠奪されたという〔昭和三年のこと。これは東陵事件と呼ばれるが、奉天の東陵と混同してはならない〕。木の生い茂った丘の上に、一六二九年埋葬された清朝の創始者太祖《たいそ》ヌルハチ〔武皇帝・高皇帝。一五五九―一六二六〕の北陵があった。北陵は似たようなスタイルで東陵よりいくらか小さかった。ここに行くには、悪路を通って自動車で四十五分かかった。しかし北陵は奉天からわずかしか離れていないのに、流賊が出没するため安心できなかった。十分な警護もつけず、ここまで行く者は昔から赤髭《あかひげ》と呼ばれている流賊に遭遇することを覚悟しなくてはならなかった。前もって日本側に通告したあと、小人数で北陵を訪れようとすると、道路の両側には百五十メートル置きに警官が配置され、陵の近くにもわれわれの安全をはかるため二十四、五人の警官がたむろしていた。

奉天市内でもわれわれが襲撃されるのを防ぐため大勢の警官が配置された。調査団員はだれでも外出の際、つねに私服の憲兵一人に伴われることは、すでに東京訪問以来の経験であった。しかし奉天ではホテルからちょっと外に出たときでも警官が寄り添うようについてきた。われわれが日本側の軍人や文官の役所あるいは自国の領事館

当時の奉天

に会談のため出かけると、道路上にはたしかに以前の軍服を着用しているものの帽子に新政権「満州国」のしるしの星のかざりをつけた警官隊が配置されていた。はじめのうちは満鉄付属地の境界線でわれわれの車はかならず「満州国」の警官に停止を命ぜられた。これは明らかに、われわれの中国側の参与員顧博士が同乗していないかどうかを調べ、もしいた場合には彼を逮捕するためであった。「満州国」政府は、顧博士が満鉄付属地から一歩でも出れば、逮捕すると公表していた。

公式の日本側発表によると、奉天にいる日本人は一九三〇年末には約二万三千人で、それに日本国籍の朝鮮人が約四千人ということであった。日本人居住地に隣接する国際居住地——これは租界ではない——も日本人居住地と同じようにつくられていた。ここには各国領事館と外国人の家があり、ドイツ人は百二十人、英米人もかなり住んでいた。ロシア人を含む外国人総数は一千七百七十人と発表されていた。この国際居住地に隣接するのが中国人街で、およそ四十万人の住民がいた。

われわれは奉天で、森島守人日本総領事と一度会談し、ついで、関東軍司令官で、当時満州で作戦中の日本軍総司令官を兼ねた本庄繁将軍と会談した。その他、調査団としてはどうしても必要であると考えている参与員顧博士を北満まで同伴する問題について交渉が行なわれた。日本の総領事との交渉は間もなく中断され、われわれがのちに再び奉天に来るまで引きのばされた。それというのも本庄将軍およびその部下の将校との会談が長時間を要したからである。

本庄司令官と関東軍

本庄将軍は幕僚将校たちをまわりにめぐらしてわれわれを迎えた。このほか必要に応じ、去年の九月の事件に関与した将校が呼び出された。将軍はもはや若いとは言えず、非常に落ちついた考え深そうな人だとの印象を与えた。将軍は、がむしゃらに突進する日本軍に関する新聞報道から期待されるような、勇猛なサムライには見えな

満州における日本兵

かった。むしろ彼は自分に与えられた任務を慎重に扱う、思慮深い、思いやりのある人物に思われた。

将軍をとりまく若い日本将校たちは外見、とくに顔つきからいってそれぞれちがう人種の人間であるように見えた。そのうちの幾人《いくたり》かはまったく欧州人のようであり、また他の数人はアジア的、モンゴル的、さらに他の者は、南方民族とくにマレー人そっくりであった。[1] これら軍人の多くは、鉄仮面のような無表情な顔つきをしていた。精力旺盛、完全な義務遂行、忠誠、規律、それに正確さは、日本軍人それも参謀将校のような「撰ばれた者」が多分にもっている大きな特徴であることは疑う余地もない。これら日本軍人の多くは、欧州大戦前のドイツ軍の参謀たちを想起させた。事実、すぐれた訓練、きびしい規律などいろいろな面で、ドイツ将校は日本軍の教官であった。日本軍人はこまかい点まで教官の指導を修得しようとした。たしかに第一次大戦後は、一連の日本の青年将校はフランスに赴き、フランス陸軍で学習した。しかし、かつてメッケル将軍〔一八四二―一九〇六。陸軍大学教官として招かれ来日。軍制の整備に貢献〕がその幕僚とともに、日本陸軍の教官として指導したこと、日本将校が大戦前ドイツ陸軍から学んだことは、そのまま生きつづけているように思われる。

われわれがここで、九月十八日事件以来、満州で展開された軍事行動について聞いたことは非常に注目に値する事柄であった。自ら事件に関与した将兵も、自分たちの経験や、行動について述べた。若い中尉は、六人の兵を連れ、奉天付近の鉄道築堤に沿ってパトロールしていると、後方に爆発音を聞いたので直ちに引き返し、兵力がわずかしかなかったのに戦闘に加わった。六百人の兵力で現場に急行した大隊長は一万人の中国兵がいる兵舎北大営を襲った。電報で報告を受けた関東軍の司令官は夜中に全軍を非常呼集し、列車に乗り込ませたが、すべてが能率的に行なわれたため、翌日大挙奉天に到達させることができた。わずか数時間で、建設費が二億ドルかかったという武器弾薬製造工場を備え、軍需品を多量に集積した大兵器廠、一ダースから二ダースの軍用機のある飛行場、それに中国兵でいっぱいの奉天市が日本軍の手に落ちた。兵力からいって十倍から十二倍の中国軍が日本軍に対峙していた。それでも日本軍は、比較的に少ない損害を受けただけで満州にあるすべての重要地点を占拠した。地方に残存した正規軍が、義勇軍組織や流賊と協力して頑強に抵抗したとき、初めて日本軍にとって困難な戦闘が始まった。われわれは鉄道爆破地点、日本軍に襲撃された北大営、その他事件の発生に関係のある諸地点を視察した。

奉天城門を入る日本軍

私は奉天で多くのドイツ人に会った。満州に長く滞在し、経験豊かなドイツ商人たちが組織している商工会議所のメンバーたちと何度も話し合ったし、私を歓迎するために開かれたドイツ人クラブのビール・パーティーにも出席した。また中国通で中国語のうまいドイツ領事ティガー氏の家などで、多くのドイツ人からいろいろな話を聞いた。これらの機会に得た知識は、私の任務を遂行するうえに大いに役立った。奉天在住のドイツ人の大部分は、事変の渦中に巻き込まれた。日本軍が奉天を占領するとともに張作霖元帥が二億ドルの巨費をかけて建設し、その息子張学良が引き継いで経営してきた大兵器廠の操業が止まった。このため兵器廠に納品してきたドイツ商社や、直接兵器廠で働いていたドイツ人が大打撃をうけた。すでに前の政府に納品ずみでありながら代金未払いになっている物資の代金を支払って欲しいというドイツや他の外国商社の要求は、公式、非公式に各国の人々が懸命に努力したのにもかかわらず、はじめのうちは放置された。やがてこの問題を処理する委員会が発足し、ずっとのちになって、やっと正当と認められた要求額を弁済することが決まった。その一部は現金支払いもあったけれども、一部は二十年間の繰り延べ払いの債務返還という形式をとることになった。

われわれが奉天を出発しようとした数日前上海から恐ろしい暗殺事件という身の毛もよだつようなニュースが入ってきた。四月二十九日、上海に来た日本の著名人のうち幾人かが犠牲になったのだ。この日、上海新公園では天皇誕生日を祝う儀式が行なわれ、日本の軍人、文官の首脳たちが集まった。ちょうど公式の演説が行なわれている最中、一朝鮮人が演壇にならぶ人々に向かって爆弾を投げつけた。(2) 河端貞源居留民団行政委員会会長は即死し、日本軍司令官白川義則大将は重傷を負い、数週間後死亡した。一般から好感を持たれていた重光葵《しげみつまもる》公使も重傷を負い、足を一本切断され、やっと一命をとりとめることができた。以前ドイツに在住し、私もドイツ語で語り合ったことがある野村吉三郎提督と植田謙吉将軍も重傷であった。われわれが上海にいたとき彼らと親しい関係であっただけに、この不祥事件にはまったく驚かされ、犠牲者には心から同情した。

上海の暗殺者も加盟している朝鮮人の一味徒党は、後にわかったことだが、上海での暗殺事件直後、三人の仲間を大連に派遣し、われわれ調査団にも同じように、爆弾を投げつけようとした。幸いにもこの三人は、日本側官憲に逮捕され、われわれの安全が確保された。

長春の傀儡政権

「満州国」の首都で新政府のある長春（新京）に旅行する前に、中国側参与員顧博士の同行是非をめぐって、困難な交渉が行なわれた。「満州国」政府が書かせたと思われる新聞報道には、もし顧博士が「満州国」領内に入れば、捕えられて処刑されるこても予想されるとあった。奉天ですら顧博士は満鉄付属地内に身をひそめていなくてはならなかった。

しかし難航した交渉の末「『満州国』外務総長とリットン卿の書簡の交換」という形式をとることで意見の一致がみられた。これによって、顧博士はわれわれに同行することになったが、宿舎を見つけるのが困難だという理由から、中国から派遣された中国人代表団の数はいちじるしく減らされた。

五月二日の月曜日、われわれは顧博士とともに長春への旅路についた。列車は広々とした豊かな平原を進んだ。途中、日本の農業試験所のある公主嶺で二時間半下車した。この試験所では満州の主産物とされる有用植物、とくに大豆や各種穀物の育成栽培や、畜牛の改良、現地の羊と外国種の羊との交配などが行なわれていた。科学的な方法で管理されているこの試験所を訪れただけでも、満州の土地の肥沃なことと資源の豊かさが十分にわかった。

満州ではあらゆるもの、小麦、高粱《コーリヤン》、大豆、タバコでも米でも何でもできる。外国から輸入したすぐれた品種と交配してできた牛や馬はいずれも立派であった。とくに鶏や卵は、どこでも見かけたことがなかったほど大きかった。気候もまったく健康的で乾燥しており、ドイツと同様、夏は短く、春や秋も短く、冬は長かった。そして北へ行くほど寒くなった。

長春には夕方に着き、政府官庁代表者の出迎えを受けた。

われわれは五月二日の夜長春に着き、その翌日、新政権外務総長に任命された中国人謝介石《しゃかいせき》を訪問した。われわれはどこの国からも承認されていないこの国を、認めるわけにはゆかなかったけれども、顧博士の旅行についての困難な交渉が終わると、新政権指導者との関係はきわめて友好的となった。

一応のあいさつを交わしたあと行なわれた会議は、まったく事務的で、朝の十時から十二時過ぎまでつづけられた。このため、私は残念ながらハルビンを発し、長春を通過していった四百人にのぼるシベリアからの避難民であるドイツ系ロシア人（ルター派の新教徒）の婦女子に会うことができなかった。彼女らは大連から上海を経てブラジルに行くため十一時半長春を発し、大連に行ってしまったのだ。しかし、これら婦女子の輸送を組織したナンセン委員会のスイス人には、彼があとの列車で来たので、会うことができた。

このスイス人は、富農階級に属するという理由からロシアを追われてシベリアに送られた彼ら難民の苦しみについていろいろと語ってくれた。中にはシベリアから逃れ、冬に、凍てついた国境の川、アムール川を渡って満州に入りこんだ者も大勢いた。しかし、ソ連の守備兵に射殺された者は少なくなかったし、シベリアの森の中での伐採作業という一種の奴隷労働につれ戻される者もいた。

数ヵ月前、やはりドイツ系ロシア人であるメノー派[3]の一群が上海を経てパラグアイに送られ、この国で同じ宗派の者が作っている村に受け入れられたことがある。今度のルター派の新教徒たちもブラジルのサンパウロに向かい、やはりブラジル在住のルター派新教徒たちにめぐり会うことになっていた。ハルビンにも多くのドイツ系ロシア人がいる。

翌日われわれは領事をはじめ日本人と会談し、午後は国務総理首相の鄭孝胥《ていこうしょ》を訪れた。首相は堂々とした気品のある老人で、自ら言うように七十三歳にはとても見えなかった。彼は長年皇帝溥儀《ふぎ》〔一九〇六―六七〕の教育係で、溥儀が「満州国」執政の地位を得ると、跡を追ってやって来て首相に就任した。

執政溥儀

その翌日、われわれは新政府の執政溥儀に会見することができた。警官に護られた道路を通り、政府の簡素な建物に入った。そのあまり広くもないホールで若い元首がわれわれを迎えた。中背、やや痩せぎすながら健康そうなヘンリー溥儀執政は、テーブルを前にして立ち、閣僚はじめ役人に囲まれながら、われわれを迎えた。そのうしろに、ちょっと見たところではヨーロッパ人と見まがうような口髭を生やした巨漢をふくめて数人のいかつい警官が立っていた。執政は黒ガラス、黒縁の色眼鏡をかけていた。柔和な顔つきで、唇は厚く、好感のもてる印象を与えた。彼が中国語で読み、通訳によって英語に訳されたスピーチの中で、執政はリットン調査団に挨拶するとともに、「満州国」の理想と目的を述べ、自分は民族協和の原則に基づいて政治を行なうと語った。リットン卿がこのスピーチに短く答えたあと、われわれは小さな隣室に入り、立食の昼食をとった。その際われわれは、愛想のよいとらわれない性格の執政と話し合った。一同執政とともに写真をとったあとわれわれは辞去した。[4]

執政溥儀

この青年は何という数奇な運命をたどってきたことであろう。一九〇八年十二月二日、わずか二歳のとき、彼は北京で宣統帝《せんとうてい》として皇帝の位に就いた。これに先立ち彼の大伯母である、かの有名な西太后が永遠にその眼を閉じた。彼女の甥、溥儀の伯父で北京の北

溥儀と兄弟たち

にある湖上の島に幽閉されていた光緒帝《こうしょてい》は、西太后より一足先に死んだ。幼い皇帝の父醇親《じゅんし》王《んのう》が摂政となった。醇親王は中国で最も有能な政治家袁世凱《えんせいがい》をその地位から追放するという仕事にまず手をつけた。これは、光緒帝とその改革運動を一八九八年〔明治三十一〕に裏切った袁を処罰しようとした亡兄光緒帝の遺志をついだものと推測される。しかし、広東や外国から孫逸仙博士（孫文のこと）や彼の弟子たちによる革命の炎がすでに拡がってきた。幼帝の父は困難な情勢を乗り切ることができず、ますます拡大してくる革命の動きにおそれをなして、袁世凱をよびもどし事実上の独裁者に任命した。しかし、事態の進展はあまりにも急速であった。革命者たちは共和国の設立を望んだ。ついに袁世凱は清朝皇族の生命を保障し、適当な生活費を与えるという条件で、清朝皇帝の平和的な退位を実現させた。かくて一九一二年二月十二日、当時五歳になった幼帝の三年にわたる治世は終わりを告げた。溥儀はその後も宮殿の中に住んでいたが、危機一髪のところで王朝の交替を目撃するところであった。なぜなら、この間共和国大統領になった袁《えん》世凱《せいがい》が一九一六年〔大正五〕のはじめ、自ら皇帝になって新しく王朝を開こうとしたからである。しかし、新王朝樹立の試みに反発する革命が起こり、その勢力は強くなった。袁世凱は自分のもくろみをとり下げ、早くも一九一六年の六月死亡した。

それから一年後、一九一七年張勲《ちようくん》将軍は再び清朝の復辟《ふくへき》をはかり、同

溥儀夫妻と英人家庭教師
レジナルド・ジョンストン（右端）

年七月一日十一歳の少年を再び宣統帝として玉座にのぼらせた。しかし、数週間後に反対勢力が勝利を収めた。張将軍は逃亡し、復辟された帝制もすぐに潰えた。

それでも少年はひきつづき以前よりは小さい宮殿中の建物で暮した。成長すると彼は結婚し、また中国の習慣にしたがって側室をかかえた。廃帝と妻と側室の三人が共に住んでいた宮廷は、当時のままの姿で残っている。

しかし一九二四年〔大正十三〕、一時北京を制圧し政権を樹立したキリスト教徒馮《ひょう》玉祥《ぎょくしょう》将軍は、溥儀を宮殿から追放した。ジョンストンというイギリス人教師からヘンリーという前名をもらった溥儀は、他の住家を探さざるを得なくなり、天津に移住した。天津では彼は妻と共に日本租界内で一九三一年〔昭和六〕十一月のいわゆる天津事変まで平穏に暮した。

中国警官と反乱を起こした中国人との争いがきっかけとなり、ついに日中両軍が戦闘を交えるに至ったこの事変のいきさつは、いまもってはっきりしていない。とにかくこの事変のために、ヘンリー溥儀は日本の土肥原賢二《どいはらけんじ》大佐〔一八八三―一九四八。東京裁判の結果死刑〕に伴われて天津を出発、日本の租借地関東州に向かった。一九三一年十一月二十二日、関東州政府の警察部が公式発表の中で次のように述べるまでの数日間、だれも溥儀の去就を知らなかった。

清朝元皇帝宣統帝はこれまで天津の日本租界に居住していたが、天津で発生した事変のため生命の危険を感じ、さる十日頃天津を脱出し、十三日突然営口に上陸、わが官憲に保護を願い出た。この願いを拒否した場合、あるいは元皇帝に危険な事態も起こらないとも限らないので、われらは人道上の立場からこの願いを聞き入れ、彼を安全な場所に移して保護した。われらは懸命に彼を外界から隔離しようと努力している。なぜなら日本帝国政府としては、彼がわれらの保護下におかれている間に、何らかの政治活動に介入することを欲しないからである。

その後しばらくしてから、元皇帝は「満州国」元首、執政の地位に就くよう求められたが、彼はそれを拒否したというニュースが新聞に載った。だが彼は二度拒んだあと、三度目の申し入れを聞き入れた。一九三二年三月九日、新国家誕生の式典が盛大に行なわれた。しかも式典が行なわれた場所は、われわれ調査団が溥儀から迎えられたのと同じホールであった。

新国家を建国するにあたっては、多くの満州族、モンゴル人がかつての清朝の復辟を企んでいたということが、大義名分となった。だがモンゴル人は、住民の問題にならないほどの一小部分を占めるにすぎない上に、主として西方および北西の遊牧地に住んでいた。これら少数民族の遊牧地を次々に侵入してくる農耕民族、漢民族から守ってやるという試みは、非常に困難に思われた。とりわけ遊牧地が農耕可能なことを考えると、長い目でみればこんなことは絶対できない相談であった。一方満州人は、ほとんど中国人の中にとけこんでいるというのが実情であった。満州人はたえず中国人と結婚していたし、中国文化が圧倒的強みをみせた関係上、自ら満州族だと感じている者はごく少数にすぎなかった。しかも中国人には古い清朝などまったく魅力がなかった。清朝は国際情勢が変ってきたため生じた困難な諸問題を解決する能力がないことを示したからだ。中国史上の他のもろもろの王朝と同じように清朝の「天命」はつき果てていた。ふつうの中国人の考え方からすれば、これで清朝は一巻の終わりであった。とにかく、満州にいる中国人は、判明したかぎりでは、日本という外国の支配の確立を示すものであって、けっして中国人独自の政府の再建とはみなされない「満州国」に対し、ほとんど例外なく敵対感情を抱いていた。

真の実力者、日本人官吏

政府機関のいたるところに実権を握っている日本人顧問がいた。われわれの滞在中、制度が変り、これら日本人顧問の多くが、「満州国」から委託され、正式に「満州国」の官吏に任命された。新政府の最高顧問は日本人駒井徳三であった。彼は政府の総務長官に任命された。駒井はわれわれと、満州閣僚の会談に同席した。その後われわれは長時間彼と話し合った。駒井は中背、粗野で意志の強そうな男であった。彼は自分の半生について大変興味のある話を長々と語ってくれた。

それによると彼は日本で生まれたが、小さいときから隣国中国が統一して発展の道を歩む手助けをしようと考えていた。この目的のために彼は法律学と農学を学び、はじめは中国本部、のちに満州に渡った。ここでは研究と旅行にあけくれた。一九一六年、清朝復辟運動が始まったとき彼はこれに関係した。一九二四年〔大正十三〕、満州で張作霖反対運動が始まった。彼はこれにも加わったがなんの成果をあげることもできなかった。彼はやっと「満州国」でかねてからの理想を実現することができる地位についた。「満州国が独立国として承認されたあかつきには、全中国が範とするに足るような模範的な政治組織を作り上げることができる。この方法によって、おそらく、中国の他の地域の一体化と、団結が可能となるだろう」、このように駒井総務長官は語った。

次の重要人物は、前ハルビン駐在日本総領事の大橋忠一「満州国」外務部次長であった。かれはずんぐりした強そうな男で、精力がありあまっているようであった。そのことは彼が何か話したり、文章を書いたりするときにはっきり現れている。

満州事変に際し、重要な役割を演じた第三の人物は以前、張作霖元帥の顧問をしていた土肥原大佐であった。われわれが満州に着いたとき、彼はちょうど少将に昇任し、日本への転勤を命じられたところであった。彼が北方から大連に飛ぶ途中、長春に短期間滞在し、われわれとしばらく会談した。中背、小ぶとりの土肥原少将の顔つきは鋭く、欧州風と言えるような黒々とした口髭を生やしていた。彼は日本人としても、南欧の高級軍人としても通用するであろう。彼は、自分が何を欲しているかを十分に心得ている意志の強い、堂々たる人物であるとの印象を与えた。

彼の談話自体には、われわれがすでに日本側各関係者から聞いたものばかりで、とくに特記すべきものは含まれていなかった。ただ土肥原少将が一九三一年〔昭和六〕九月十九日の朝（すなわち十八日の夜から十九日の早朝にかけて行なわれた奉天占領の朝）、偶然奉天におり、ついで奉天市長となって行政権を握るという重要な役目を担ったことは注目に値する。

吉林の多聞将軍

五月七日、われわれは吉林に向かった。前もってこの旅行について打ち合わせたところ、日本側は吉林の情勢が非常に不穏なため、われわれに日帰りで吉林を訪れてくるようにと忠告した。さらにもしわれわれがどうしても吉林で一泊したいのなら、午後六時半には列車に戻り車内泊をせねばならぬと指摘した。われわれに手交された書面には、「調査団の安全は保障しかねるが、警備には最善をつくすつもりだ」と書いてあった。聞くところによると、前日、吉林市内で日本将校が射撃されたという。新聞には赤いカギ十字――われわれの赤十字にあたる――のマークのある建物から日本人将校に向かって弾がとんできたが、幸い当たらなかったと書いてあった。われわれは午前六時、すばらしい陽光を浴びて出発した。吉林に着くと、日本総領事や地方官憲首脳の出迎えを受けた。吉林市は広々とした松花江のほとりの美しい都市で、河岸両側からしばらくはなれたところに山岳が連なっていた。われわれ調査団がまず日本総領事のもとに行くと、彼は前政権時代の朝鮮人の状態、ついで事変以後の有様についてくわしく話してくれた。

次にわれわれは第二師団長多聞《たもん》二郎将軍と会談した。将軍は頭髪の少ない小男で、眼鏡のうしろには利口そうな目が光っていた。第二師団は各地で反吉林軍〔日本軍に協力する軍隊を吉林軍、日本軍および吉林軍に敵対する軍隊を反吉林軍という〕と次々に戦闘を交えた。とくに嫩江《のんこう》河岸ではチチハルの馬占山将軍〔一八八四—一九五〇。抗日戦の英雄といわれた〕の指揮する軍隊と闘った。多聞将軍の真に迫った簡潔な表現によれば、敵軍はいつも五倍から十倍の兵力を持ちながら、日本軍を圧倒することができず、日本軍に陣地を襲われては退却を繰り返したということであった。多聞将軍の軍隊はハルビンを占領した。吉林には九月の事件後、何らの抵抗も受けず入城することができた。多聞将軍の語ったところによると、われわれを長春から吉林まで運んだ鉄道の終点敦化《とんか》周辺やこの鉄道沿線に一万人の流賊がおり、彼らは最近吉林—敦化間の五つの木橋を焼いたということであった。

その後吉林省政府の高級官吏たちと会談した。彼らは前の吉林省政府の欠陥として重税をあげた。とりわけ軍事目的のための付加税と、銀の裏付けのない銀行券の乱発によって、民衆が非常に苦しんだと述べた。会談のあと、われわれを歓迎するため旗を立てた中国人街を通って駅に向かった。市内の警備体制はどこでも非常に厳重であった。小さな路地にもいつでも射撃できる用意をした「満州国」の警察官が立っており、とくに大通りには各所に多数の警官が待機していた。その間に、鉄兜をかぶり、小銃に銃剣をさした野戦軍装の日本の警備兵の姿がみられた。

訳注

（1）シュネーは第一章でも、日本軍人の顔つきが種々雑多で、欧州風、アジア風、マレー風などに分類できることを書いている。

（2）爆弾を投げつけて白川大将らを殺害した朝鮮人は尹奉吉である。なお昭和七年一月から始まったいわゆる上海事変は、この突然の事件のあと、五月五日の日中間の停戦協定によって終わった。

（3）メノー派とは、オランダの宗教家メノー・シモンス（一四九六―一五六一）の創立したキリスト教宗派の一つ。

（4）リットン調査団が去ったあとの同年九月十五日、武藤信義全権大使は国都の新京（長春）で満州国国務総理鄭孝胥と会見して、「日満議定書」を結び、ここに日本は「満州国」を正式に承認した。そして一九三四年（昭和九）三月一日、溥儀執政が即位して、帝政がしかれた。

第四章　北満から関東州へ

ロシア人の町ハルビン

五月九日、われわれはハルビンに向かった。列車は車窓から見るかぎりいたるところ耕作されている広い豊かな平原を進んだ。われわれは夜ハルビンに着き、圧倒的に欧州人それもロシア人で賑わうまったく洋風の街に入った。

ハルビン市、なかでもわれわれが主として往来したこの市の一郭は完全にヨーロッパの都市の印象を与えた。ハルビン市と、われわれがこれまで訪れた満州の諸都市のちがいほど大きなものは考えられないくらいである。満州の都市はおおむね日本人街が隣接する中国人街と国際的居住地があり、会う人々も中国人ばかりであった。特別の地域では日本人にも出会ったが、白人は両人種の中に埋もれていて数えるほどしかいなかった。

他方、北満の平原を列車で横切ってこのハルビン市に着くと、まるでヨーロッパの都市に来たような気がした。すべての建物は洋風建築、白い顔、すみきった眼、ブロンドから黒まで様々の髪の色をした男女で街路はいっぱいであった。ここには八万人のロシア人がおり、その他の欧州人はその中にまじっていた。四千五百人の日本人がいたが、市民の全体像を変えるまでにはいたらなかった。広々とした街区を形づくる欧州人街では、大勢の警官を除いて、中国人すらあまり見かけなかった。三十万人の住民がいる中国人街はやや町はずれにあった。ロシア人はドイツ人と大変よく似ていた。私のように数ヵ月も中国人や日本人の間でばかり暮していると、まったくそのように感じられた。彼らがロシア語で話すのを聞いて、やっと「ドイツ人じゃないのだ」ということがわかった。金髪が住民の中で圧倒的に多かった。

ハルビンの市域はかなり広かった。われわれが泊ったホテルの前の道路は、河幅の広い松花江までのびていた。新しい市街地がやや高台につくられ、その中には広い道路が通じていた。ここにほとんどの官庁や外国の領事館が集まっていた。さらに中国人街もあった。ここは洋風の市街地よりは狭苦しかったが、それでも旧市内の中国人街よりずっと広い道路が通っていた。

ハルビン市に人が集まったのはそんなに昔のことではない。三十年前には、この地方には小漁村しかなかったが、それがいまやハルビンという大都会に変貌したのだ。市街は、無数の小舟、ジャンク、汽船、モーターボートの往来で賑わう松花江に臨んでいた。防壁のあるけわしい斜面が高い岸辺から河水が流れているところまで続いていた。斜面から数メートル離れたところに鉄道のレールが敷かれており、その後方の随所に石炭の山があった。レールと斜面の間に舗装された散歩道《プロムナード》が通っていた。ハルビン市の基礎が築かれた頃には、まさかここに散歩道を必要とするほどの大都市が出現すると想像する者はなかったろう。

ハルビンはこれまで私が知っているかぎり生活費のもっとも安い都市の一つであった。ドイツ人の一主婦が話してくれたところによると、たとえば、タマゴ百個がわずか二・四ハルビンドル。つまり二・二ライヒスマルク*であった。われわれが泊った市内一流のホテルでも、食べきれないほど豊富なフルコースの食事が〇・六ハルビンドル、つまり、〇・五五ライヒスマルクで食べられた。

ハルビンではドイツ系ロシア人について長春よりももっとくわしい情報が聞けた。彼らのことをとくにくわしく話してくれたのは、親身になって彼らの世話をやき、彼らの数人と親交の厚かったハルビン在住のドイツ人クンスト博士である。この冬の間に、一千五百人ばかりのドイツ系ロシア人難民はソビエト支配下の苦しい生活から脱出することができた。彼らは危険な目にあいながら、国境の凍てついたアムール、ウスリー両河を渡って満州側にやって来た。この脱出行で、多くの者がボルシェビキの警備兵に射殺された。

あるとき大勢の婦女子を含めた三百人のドイツ系ロシア人が国境の川を渡ることができた。しかし、川の満州側を管理する中国の将軍は、ソ連側の要求に応じ、せっかく満州に逃げのびた人々を再びソ連に引き渡した。しかもそのうちの七人は、川の上でボルシェビキに射殺され、他の者は恐ろしい運命の待つシベリアに引きもどされたという。

西シベリアのドイツ人居住地がどんな状態にあるかは、われわれのハルビン滞在中、「救助を求む」という見出しで、「ハルビン・デイリー・ニューズ」紙に載せられた西シベリア在住のドイツ系ロシア人が書いた次のような内容の手紙が明らかにしている。

「クラーク」と呼ばれた富農は全財産を没収され、追放されてシベリアに送られた。シベリアの村落ではソ連の五ヵ年計画によって、ほとんどすべての穀物が運び去られた。不幸な人々は生きてゆくすべもなく、多くの者が飢死したり、病気になったりした。

この手紙はこのように痛ましい不幸な有様を告げていたけれども、ソ連の暴政下にあるこれらの虐たげられた人々をだれも援助できなかった。救援の手はただ満州に入って来た者だけに差しのべられた。ハルビンについた避難民の大多数はすぐに他の地域に移動させられたが、それでもカトリック教徒のドイツ系ロシア人が大勢ハルビンに残留した。彼らをアメリカに移住させる問題についての話し合いはうまくはこんでいる様子であった。その他バプティスト派のドイツ系ロシア人もいくらか残っており、彼らを外国へ移住させる動きも進んでいた。

宗派や信条の相異はあっても心から敬虔なキリスト教徒たちが絶望的な危険な脱走という方法を選んだことは注目すべきである。彼らにとってもっとも重要に思われたのは、彼らの子どもがソビエトの教育によって強制的にキリスト教から離れさせられることであったという。子どもの魂をおびやかす危険と比べれば、この世の危険などは何でもないと、彼らキリスト教徒は考えたのだ。

流族の王国

ハルビンでは市民全体が動きまわれる範囲はまったく限られていた。各方面の人が語ったところによると、だれでも松花江両側数キロメートル以内しか行けず、川自体も東西二つある税関までしか航行できなかった。これから先の地域には確実に流賊の王国が始まっていた。この状態はたしかに以前より悪くなっているものの、昨日今日始まったことではなく、何年も前からつづいてきた。ハルビンに住む各国の人々が口々に言っていたように、ハルビン周辺では常に危険がつきまとっていた。二年前には、水浴場になっている松花江内の島近くで泳いでいたアメリカ人の一団が流賊に襲われ、持ち物を奪われるという事件まで起こった。上述の二つの税関から先に狩猟に出かける者はいなかった。二つの税関は、伝統に基づくのか、あるいは暗黙の流賊間の協定によるのかわからないが、ともかく襲撃されることはなかった。とある日、野鳥を撃ちに税関の見える所までいったある紳士は一隻のジャンクが流賊に停止を命ぜられ略奪されている現場を目撃した。

中国の流賊

しかし二つの税関の間の川上ならば大丈夫というしきたりも、時に流賊によって無視されることが、われわれのハルビン滞在中に確認された。五月十七日、イギリス人一人、アメリカ人一人が共にモーターボートに乗って松花江に遊んだ。二人が午後七時頃、西税関から遠くない場所で、しかもハルビン側の岸近くにいたとき、やにわに賊が射撃してきた。イギリス人は弾丸を受け、頭部に重傷を負った。

その翌日の五月十八日、私はリットン調査団員の一部とともにハルビン税関の局長に誘われ、税関のボートで松花江を上下した。このボートは、モーターボートが襲われた西税関の近くまで行った。税関のボートの船長は、乗船の際、税関のボートを射たないことは、流賊間で暗黙のうちに認められた規則の一つだとわれわれに説明した。われわれの船遊びはこの規則が通用することを証明した。流賊など影も形も見えなかった。われわれは前日流賊が射撃した河岸のあたりに近づいた。はるか遠方、川から相当離れた畑で、善良そうな農民が数人、農作業に励んでいるだけであった。あたりの田園風景といい、松花江を上下したり、錨《いかり》をおろして停泊している大小の船の様子といい、いかにも平和そうであった。この光景を見て、すぐ近くで、時にはハルビン市内まで侵入する流賊の支配が始まると考えるものはだれもいないだろう。

大森林のある下流に行くと、昔から流賊間で守られている取り決めがあった。大森林所有者は、強力な流賊の一味をやとって、他の賊を近づけさせず、容易に木材を搬出できるようにしていた。あるロシア人の大所有者などは、一年に六千ドルも賊に支払い、森林中のまだ伐採してない個所を守らせたという話だ。同じ森林でも伐採作業が始まった所は中国の警官が守っていた。他の場所には流賊が大勢陣取っていたけれども賊同士で摩擦を起こしたり襲撃しあったりはしなかった。

川をゆく帆船もしばしば流賊の犠牲になった。汽船でも時に攻撃され射撃された。しかし何といっても汽船の船足は速いし、一方、流賊の火器は原始的なので、汽船を奪取するまでには至らなかった。それでもハルビン生活の長い中国人たちは、流賊が乗客に変装して汽船に乗り込み、途中でやにわに正体を現して、乗客たちを略奪したことがあると繰り返し私に語った。もっともふつうの交通路である松花江と鉄道はだいたい正常に運航できた。時々妨害があった程度である。しかしこの二つの交通路以外を通って旅行するのは大変危険であった。

流賊は単に追い剝ぎとなって通行人を襲うばかりではなく、ハルビンの住民を誘拐することもしばしばあった。われわれがハルビンに着く数週間前、あるロシア系ユダヤ人の富裕な商人が市内メインストリートで数人の賊に襲われ、自動車に乗せられていずこともなく連れ去られた。新聞が伝えるところによると、賊はこの金持を殺すとおどして多大の身代金を要求した。賊に捕らえられた人がどうなったかは、われわれがハルビンに着いた時には、まだ不明であった。

さらにこの種の恐ろしい事件は繰り返し起こった。たとえば昨年一九三一年〔昭和六〕の八月、水浴のシーズンにある中国商人とその小さな息子は、ハルビンの対岸にある松花江岸の別荘から、まっ昼間流賊に連れ去られ、ボートで下流に運ばれた。ここで、「ハルビン・デイリー・ニューズ」紙が五月十八日この事件について書いた記事のあらましを紹介しておくが、私の調べたところ、この記事はまったく正しかった。

数マイル離れた隠れ家で、賊は犠牲者に乱暴して、多額の身代金を吐き出させようとした。結局、三万ドル支払うということになったので、金を用意せよとの要求を書いた手紙が犠牲者の妻に送られた。妻は一万五千ドルだけ持参して、自ら賊の住み家まで出かけたが、乱暴された上に主人の家を売却して金をつくれと命ぜられて送り帰された。だが当時は景気が悪く、家は実際の価値の三分の一の値段でしか売れないことがわかると、つかまった中国人商人は、こんな損までして自分の財産をすり減らすことはないと賊の要求を拒否した。すると賊は彼の片方の耳を切り落とし、何度もなぐる蹴るの暴行をしたうえに、言うことを聞かないと殺すぞとおどした。中国人商人は仕方なく承諾し、仲介者が賊の巣に運んできた自宅の売却契約に署名した。彼は三ヵ月以上も賊に捕らえられたあと、身代金が払われ、やっと釈放された。

われわれがハルビンを去って四日後、新聞がくわしく伝えたところは以下のようなものであった。

ある夜、鉄道会社の高級職員である中国人の家が四人の盗賊によって襲われ、一万ドルを要求された。主人はうまく逃げ出して、家のまわりにいた警官に報告した。しかし、盗賊は家族を殺害し、自分たちも自殺するとおどかした。何時間も交渉した末、盗賊は家族を傷つけなかった代りに、自動車で自由に脱出することが許された。

流賊、盗賊の類が昔から伝統的に横行していることの裏をかえせば、清朝滅亡後、満州で実権を握った者の一部は流賊出身だということにもなる。一九二八年に死亡するまで満州の押しも押されぬ支配者であった張作霖も、はじめは流賊の一味であった。前吉林省首席の張作相もはじめは独立の流賊でのちに張作霖の手下になった。前黒竜江省首席万福麟も以前は流賊であった。この三人はすべて賊から正規軍の軍人になり、そしてついに将軍、省首席にまで昇格したのである。

たしかに以前には賊から軍人になったり、逆に軍人から賊になったりするのはなかなかむずかしかった。しかし、一九三一年九月の日本軍の満州侵攻以来、両者の区別は消滅した。それ以後満州では、(日本人のいう)反吉林軍、(中国人のいう)古吉林軍、それに愛国義勇軍とはいったいだれをさすのか、そして本来の賊いわゆる匪賊がどこからはじまるのかは、容易にはわからない。「満州国」工業相の張燕卿《ちょうえんきょう》は好感のもてる教養と経験に富む行政官だが、のちに私はこの人からじかに彼が一時有名であった両広総督〔広東、広西両省の総督〕張之洞《ちょうしどう》の息子であること、彼が青島で学び、ドイツ語を話せることを聞いた。工業相は、掠奪にあった農民は生計を得るために盗賊になり、給料を支払ってもらえず、そうかといって他の生活手段を持たない兵士も生きるためにやはり泥棒になると語り、さらに、一時こうした状態は収まったのだが、最近は逆にまたひどくなったと説明してくれた。また張工業相は、張作霖時代には赤鬚賊といわれるいわば政府公認の賊がいたと語った。さらに張工業相は賊の子どもを教育して、他の職業に就かせる道を開こうというヒューマニズムの精神に基づく構想を述べた。この種の構想が、近い将来、実現されるだろうか? ともかく、はっきりしているのは、満州が非常に肥沃で数千万人が生活できる土地である以上、生活の道が閉ざされて賊になる必要はないということである。賊の活動を終わらせるためには、十分な警察力を持ち、買収されない秩序ある政権を樹立すればよいのである。他の満州各地では北満ほど賊の活動ははげしくない。たまには賊に襲われることがあっても他の地域では、中国本部同様、とくに危険にさらされることもなく旅行をしたり、営業活動をすることができる。とりわけ南満州は、こと賊の活動に関するかぎり、中国本部の各地より良好な状態にある。ただ、われわれが満州を訪れた時に、これまではけっしてなかった賊同士の争いが起こっていた。

馬占山を求めて

われわれはハルビンに五月二十一日まで滞在した。ここでは政府の主要官僚、中国人の鉄道支配人、日本総領事、それに日本の将校らと会談した。われわれは日本の敵になった軍隊の司令官とも会い、彼らからも情報を得たらどうだろうと思いついた。とくに問題となる人物は、ハルビンから海倫に行く鉄道沿線、ハルビン北方の目と鼻の先に軍隊とともに待機している馬占山《ばせんざん》将軍であった。軍使を出して将軍と連絡をとり、われわれ調査団が将軍の本営を往復する間の安全を保障することもできない相談ではなかった。

馬将軍は一九三一年十一月、日本軍を敵にまわして嫩江《のんこう》河畔に陣取った。しかし三二年の一月、彼は一時日本軍と和解して黒竜江省首席に任ぜられ、同時に満州国軍政部長になったけれども、その後、彼は北満に引き返し、日本軍および満州国軍に戦いを挑んだ。

将軍からの情報は、非常に興味深いものがあるだろうと期待された。しかし調査団が馬将軍訪問について結論を出し、それを公式文書として仕上げる前に、事前工作としてアース国際連盟事務総長が大橋満州国外務部次長と非公式に相談したところ、やがて「満州国」側からはっきりと拒否の回答があった。しかもそのころハルビンに数キロの地点に押し寄せた馬将軍の軍隊と日本軍との間に、はげしい戦闘が始まり、われわれのホテルからでも砲声が聞こえた。そこで、チチハルまで飛行機で飛んだわれわれ調査団の一部を鉄道で満州里経由でシベリアまで送り、そこから馬占山将軍の本営に行かせるという計画も考えられたが、これもやはり放棄しなければならなかった。中立の立場を守ろうとするソ連がビザの発行を拒んだからである。

このためリットン調査団は、日本の勢力範囲内に住む中国住民から情報を得ることで甘んじなければならなかった。しかも中国人としては「満州国」や日本軍に不利なことを証言したという理由で、あとで迫害されるのをおそれており、彼らから情報を得ることもむずかしかった。だいたい、中国人と会談すること自体大変困難であった。彼らは、何らかの嫌疑がかかり逮捕されるような危い橋を渡ることを恐れていたのだ。

われわれは黒竜江省の省都、チチハルまで旅をつづける計画であった。しかしわれわれのハルビン滞在中、反吉林軍および日本側のいう匪賊〔実はその一部は義勇軍〕の攻撃が日増しにはげしくなった。しまいには、ハルビン市は、西、北、東の三方から敵軍に包囲され、ただ南方に行く鉄道だけが日本軍によって確保されているにすぎなかった。ところによっては反吉林軍は八キロ以内まで迫ってきた。市内でも銃声が聞かれた。

しかし、ハルビンではだれも動揺した気配がないということは注目すべきであった。日常生活の歩みは少しも変らなかった。映画館もふだんどおり営業しているし、午後十時、またはもっとおそくなってから店を開け、朝五時に閉店するというダンスホールもあった。

そうはいっても、装備や訓練の程度はよくないが、量的には極めて強力な反吉林軍が攻撃してくるので、日本軍はすべての予備兵を召集し、ハルビン市を守り、長春、奉天に向かう鉄道を維持しなければならなかった。ある朝など松花江の対岸に陣取る敵軍が、五百人の便衣隊《べんい》(一般人に変装した兵士や義勇軍をさす)をハルビンに送ったといううわさが広がった。それでも市内の平穏は乱されなかった。とにかく日本の責任者たちは、手元にある少数の兵力では鉄道沿線を守りながら、われわれ調査団が乗ってきた列車をチチハルまで無事運行させることは保障できない、と信じていた。たしかに列車は走っていた。しかし、反吉林軍や義勇軍に途中で停止させられ、乗客が連れ去られる事件がしばしば起こった。五月二十日には、ハルビン―チチハル間で列車が停止させられ、日本人二名が引きずりおろされて捕らえられた。他の列車は銃撃された。

日本側の忠告を聞いて、われわれは鉄道旅行を断念した。だがチチハルまで調査団全員を空輸するに足るだけの飛行機を用意するにはあまりにも時間がかかった。こうした情況におかれたため、われわれはわずか数人の専門家と書記だけをチチハルに飛行機で送り、同地で必要な資料収集にあたらせることにした。われわれ調査団は五月二十一日早朝出発し、長春を経て奉天に向かった。十五時間列車に乗り奉天に着いたのは夜になった。

互いに闘い合っている中国人の軍隊はつねに本気で戦場に出ているわけではなかっ

た。これらの兵士の中には、他ではなかなか生活資金が得られないので、軍隊に入ったという者が多数いた。ハルビンでは次のような話が信用できるものとして流布していた。すなわち兵士の多くは、いつでも変えられる二種の腕章をもっている。彼らはあるときは、吉林軍すなわち「満州国」軍のしるしをつけ、また他のときには、反吉林軍、すなわち「満州国」軍および日本軍と敵対する中国軍のしるしをつけているというのだ。

ここで問題になるのは伝統的な中国兵のあり方である。昔から中国に長いこと居住する欧州各国人の話によると、兵士は圧倒的に下層階級出身者が多かった。彼らは兵士も職業の一つとみなしていた。給料は月に二、三ドルにすぎず、生計を保つのはむずかしく、金持になるためには戦利品を略奪するのが一番簡単であった。上流社会の中国人は一般に兵士を見くだし、自ら軍隊に入ろうとはしなかった。古くからの考え方によれば、軍隊に入るのは恥ずかしいことであった。

奉天―大連―旅順

われわれは会談をつづけ、情報収集を完全にするため、再び奉天に数日間滞在した。五月二十五日、私は、ドイツに留学しドイツ語を話せる四人の日本人教授に招かれ、彼らの案内で、(日本人の)医科大学と巨大な付属病院を訪問した。ここは、講堂、細菌学教室、ドイツ医学書を数多く備えた図書館などあらゆる施設が完備していた。巨大な付属病院では、各等級の病室を見てまわった。いずれも近代的な設備であり、清潔で整頓されていた。三等病室の四つならんだベッドには、いずれも子どもを抱いた日本婦人がつきそい、病床の夫に箸で物を食べさせていた。妻は一日中ここにいてもよかった。その場にいたドイツ人医師は、

「正しい生活法と衛生さえ守れば、満州はドイツ同様の健康地になる。そればかりか、多くの点ではドイツより条件がよい。満州はドイツよりいっそう空気が乾燥しており、例外的な日を除けば、冬中太陽が照っているからである」

と述べた。また彼は、

「満州に発生する疾病、伝染病は、不衛生に暮す中国人が持ち込み、伝播させたものである。気候が寒いので、彼らは起きているときでも寝ているときでも同じ綿入れの衣を着ており、ぜんぜん入浴しない。伝染病が起こっても、家族は病人と同じ

部屋で暮し、子どもたちも同じ寝台で眠る。三千万人の住民がいる満州にいま五百人の医者しかいない。一部の大都市を除いて、中国人用の病院はまったくないといってよい。近代的な日本人経営の病院に中国人も入院可能だが、なんといっても巨大な中国人の数に比べるといかにも少ない」

このようにドイツ人医師は語った。

五月二十五日夜、われわれは奉天から大連に向かった。翌朝大連に着くと早速星ケ浦にあるホテルに入った。この日は会談と訪問であけくれた。われわれの旅行中ずっとそうであったように、ここでも日本側が厳重な警戒体制をとった。われわれが満州を去ってのち、日本人がこのようなものものしい態度をとった理由がはじめて判明した。

われわれの大連滞在中にも、リットン調査団を襲撃、暗殺する計画があるといううわさをいくつも聞いたが、朝鮮人によって準備された暗殺計画の詳細がわかったのは六月中旬になってからである。彼らの計画は未然に発見された。彼ら調査団全員が大連に集合する五月二十六日、爆弾を投げつけて全員の殺害をはかったのだ。

われわれが大連に着く二日前、日本の警察は、朝鮮人暗殺団を捕らえ、われわれ調査団に投げつけようとした爆弾を押収した。暗殺実行予定者の三人の男は、一九三二年〔昭和七〕四月二十九日、上海で例の恐ろしい爆弾を投げつける事件によって、日本の二人の著名人を殺し、他の者を傷つけた朝鮮の愛国青年グループの一味であった。

大連で使うことになっていた爆弾は、上海の暗殺事件の際用いたものと同じ構造であった。暗殺団は五月初め大連につき市内に身をひそめていた。すぐに使えるようになっていた爆弾は、カバンの中に入れて密かに持ち込まれた。暗殺目的は、各国人が加わっている調査団員を殺すことによって、日本の国際的な立場を困難にさせ、ひいては朝鮮の独立を勝ちとることであった。

五月二十八日、われわれは大連を出発し、旅順に向かった。四十五分間、自動車はすばらしく整備された道路を走った。途中山の下をくぐるトンネルが二つあった。日露戦争の際要塞で有名になった旅順は、今日では当時のような重要さを持たなくなり、陸の方角に向けられた陣地はその後、再建されなかった。

午後われわれは日露戦争の古戦場を見学した。第一の訪問地は血みどろの闘いののちに日本軍が占領し、旅順攻防戦の結末をつけるに至った有名な二百三高地であった。なぜロシア軍が当初この高地を要塞の一環として固めていなかったかということは、門外漢には理解できない。この高地から見下ろすと旅順港はまるで将棋盤のように眼前に展開されているのに。しかしロシア軍は、兵員の投入には限界があると考え、要塞の設備を二百三高地にまで拡げなかったという説明があった。そして日本軍が包囲しはじめたとき、ロシア軍としても二百三高地を要塞の防衛陣地の中に取り入れる必要性をやっと認めたということであった。自ら戦闘に加わった白髪頭の日本の古参大佐がすべてを説明してくれた。二百三高地攻防戦は英雄的な闘いであった。日本兵は甚大な損失をもかえりみず、決死の攻撃をつづけ、ついに一日中突撃を繰り返し一九〇四年〔明治三十七〕十二月五日この高地を占領することができた。日本軍は、その後この高地の頂点近くにまだ残っていた掩蔽壕を内に据えた曲射砲から砲弾を発射し、港内に停泊する敵艦を沈めた。

翌日、大連でわれわれは満鉄の内田康哉総裁と会談した。内田総裁は元外相でごく最近現職に就いた。その後、港の近くにある造船所管理局の建物に赴いた。この建物の屋上からは、港や造船所の様子が十分に眺められた。大連港はすでにロシア時代につくられたが、日本の管理下におかれて以来、非常に発展し改良された。大連港の岸壁には八千トンから一万トンの船十四隻とこれよりトン数の少ない船十八隻を同時に横づけすることができた。港内には巨船の停泊も可能であった。大連は世界指折りの大商港で、あらゆる国の船舶が入港しており、ドイツ船もかなりいた。

その後、われわれは南満州鉄道が設立した化学研究所と石炭、大豆などの利用法を調べるための実験所を訪れた。案内したのは所長の日本人である。実験室では大がかりな近代的方法によって各種の実験が行なわれており、その結果は満州の主要産物の利用にとって重要な価値があった。今後この種の研究はますます重要になってくるであろう。

次に訪れたのは、鉱業など諸産業の博物館である。ここを管理している日本人教授はかつてドイツに留学したことがあり、そのほかここで働いている数人の日本人官吏も、ドイツ滞在の経験があった。この博物館は、満州の農産物、鉱産物のあらましを知る上に便利なばかりでなく、日本人がいかに満州の産業の開発、発展につくしたかを示していた。

鞍山と撫順

大連から奉天へ戻る途中五月三十日、われわれは製鉄所参観のため鞍山に数時間下車した。製鉄所は一九一八年〔大正七〕につくられた。そして年とともに設備投資を拡大し、今日では巨大な施設を持つようになった。鉄の生産量はあまり多くない。第一次大戦後の不況で鉄価格が下落したためである。

しかし、国内でほとんど鉄を産しない日本にとって、事実上日本の支配下におかれているこの地域における鉄の生産は、国防上重要である。そのため、鞍山の鉄の生産量を維持し、できるだけ多くの利得を確保するため、懸命な努力が払われた。複雑な処理方法を採用したおかげで、これは成功しているもようだ。製鉄所の機械の一部はドイツから輸入していた。

当時世界最大の露天掘（撫順）

六月一日われわれは撫順《ぶじゅん》炭田を訪れた。石炭の大部分は露天掘で採掘されていた。この露天掘は世界最大規模ということであった。石炭採掘のための設備は、ドイツのラインラントで褐炭を掘るために使う設備と似ていた。大きな機械設備もあったが、機械の五十パーセントはドイツからの輸入品であった。石炭層の上には広大な油頁岩《ゆけつがん》の層があった。油頁岩は、もともと石炭の採掘ですきまができた個所を埋めるために用いられていたが、一九二九年〔昭和四〕、これをうまく利用するための大工場がつくられ、油頁岩から多量の油をしぼり、残ったくずを炭田のすきまを埋めるのに使うということになった。

訳注

＊ シュネーによれば当時一ライヒスマルクは一ドルと等しい。当時の一ドルは今の百二十円程度の数倍はするだろうがそれにしてもそのころのハルビンの物価は安い。

第五章　リットン報告書作成の旅

錦州―山海関―北戴河

六月四日、鉄道で錦州と山海関を経て北京に行くため、われわれは奉天を再び出発した。奉天からしばらくの間は、肥沃な満州の大平原が続いたが、しだいに灌木の生い茂る砂地になり、ときには砂丘が見られた。これが西方にある華北の大平原やゴビ砂漠の末端であることは明らかである。やがて列車は再びもとの平原に入った。肥沃な土地とは思われないこのあたりの草地には、羊をはじめ家畜の群がたむろしていた。

われわれは、西義一将軍と会談するため、平原上の中都市錦州で下車した。日本軍の奉天占領後、張学良は一時錦州に遼寧省政府をおいたが、一九三一年〔昭和六〕十二月、日本軍が進撃を開始したため、中国軍は撤収し、日本軍は翌年の一月三日錦州に入城した。

錦州を出発すると、しだいに肥沃な平原がはじまった。この平原は一方は海に、他

当時の錦州

方は高い山にはさまれていた。海岸のすぐそばからはじまる山脈のふもとに山海関の町があった。ここから、紀元前二一四年に築かれた中国を北狄から守る万里の長城がはじまっていた。山海関を出発した長城は山の尾根づたいに高くつづいていた。われわれは夕方長城の城門をくぐり、山海関駅で、奉天から乗って来た「満州国」の列車を降り、前々からなじみの深い中国の特別列車に乗り換えた。

われわれの満州旅行中の警備はどこでも厳重であった。われわれが乗った列車の前に、日本の装甲列車が走った。鉄道築堤に沿って、いたるところ警官が並び、ときには日本兵が警備していた。列車が山海関の一つ手前の駅に停車したとき、その二日前に流賊に荒らされたという廃墟を十分に眺めることができた。

山海関を出発した列車は夕刻北戴河《ほくたいが》に向かった。途中の駅から列車は支線に入り有名な海水浴場のあるこの町に着いた。海辺は数キロもつづき、どこもすばらしい砂浜であった。海浜近くの丘の上には緑の木々に囲まれて、多くの別荘が点在していた。

リットン調査団は一時この北戴河で調査報告をまとめあげようと計画していたが、実現できなかったといういきさつがある。この海水浴場は予想以上にすばらしかった。ここはたしかに自然が地球上でもっとも巧みにつくりあげた海水浴場であった。だがあちこちに建てられた大別荘は報告をつくるための共同作業には、あまり適当でないように思われた。それに、日本側がここで調査団が最終報告を作成することに難色を示している事実を無視できなかった。日本側はこの海水浴場は、日本および「満州国」に陰謀を企む分子が活動する区域内にあるとみなしていた。北戴河は十ヵ月後の一九三三年〔昭和八〕四月、熱河占領後、長城を越えて進撃した日本軍によって占領された。日本側が北戴河に調査団が一時滞在することに異論を唱えたのは、おそらく、日本軍がいずれこの土地の占領を計算に入れていたからであろうと思われる。

なつかしの青島

北戴河にしばらく滞在した後、六月八日、私はリットン卿、アルドロバンディ伯とともに、日本側からいわば中立地帯として報告書作成の場所に推薦されていた青島に赴いた。誇りと憂いのまじった感情が、青島の名とともによみがえってきた。膠州湾は一八九八年、ドイツが中国から九十九年間租借した土地である。ドイツ帝国の海軍は青島に港湾などの重要施設を建設した。中国の海岸にあるドイツの国際商業港は、イェーシュケ海軍大佐、トルッペル提督、マイヤー＝フルデック提督ら各総督のすぐれた行政手腕によって発展した。

やがて第一次世界大戦が始まった。開戦とともに日本はドイツの敵国となり、圧倒的多数の兵力を用いドイツ軍が英雄的に防戦した青島を攻略した。日本軍ははじめ青島の占領を続けた。そしてヴェルサイユ条約によって膠州湾におけるドイツの権益は最終的に日本に認められたけれども、一九二二年のワシントン会議のあと日本は結局膠州湾を中国に返還した。

われわれは北京を発し、天津と山東省省都済南を経て青島に向かった。列車が膠済線に入ると景色が一変したのに驚かされた。津浦線沿線には、ろくに木も生えていなかったのに、この沿線には森や並木道がいたるところにあったからだ。思わず「どうしてだろう」と人に聞くと「ドイツアカシアですよ」という答が返ってきた。これは、ドイツ山東鉄道会社が一八九九年から一九〇四年にかけて膠済鉄道を建設した際行なった植樹のたまものであった。とくに青島市内およびその周辺におけるドイツの植林事業は元来樹木の少ない土地にとってはすばらしい贈り物であった。

青島に着いたのは、六月九日午後九時頃であった。停車場で青島市長沈鴻烈提督をはじめとする中国の高級官吏、ドイツのブラクロ領事ら各国領事の出迎えを受けた。調査団の三委員、私とリットン卿それにアルドロバンディ伯は元ドイツ総督邸に泊った。この建物は広々とした応接間をはじめ、すべてが大がかりで堅牢にできていた。今は中国政府の財産になっているが、今回はとくにわれわれの宿泊のために利用させてくれた。

一万四千人の日本人、四十万人の中国人に対し、ドイツ人はわずか二百人余りしか居住していないが、青島の外観はまったくドイツの都市という感じであった。往時のドイツ建築がすべてそのまま残されているばかりか、日本人は同じスタイルで建設を続け、また中国人も期待していたよりも忠実に原型を保ってきた。街は緑のただ中にあった。青島を囲む丘の上にあるアカシアをはじめとするドイツ人による植林は、すばらしい効果があった。それでも、私は悲壮な気持になった。

青島を訪れていろいろ調べたかぎりでは、私個人としてはリットン調査団の報告書作成地をここに決めたいと思った。しかし、調査団の中にはここで報告書作成にあたることに賛成しない人もいるだろうと考えた。青島は各国公館、図書館などがあり、資料を豊富に得られる北京という中心的都市からあまりにも遠すぎるばかりではなく、人によって意見はまちまちだが、青島には霧が八月中旬まで立ち込め、室内でも湿気が多すぎるという難点があった。ベッドに入っても何かしめった感じがするし、朝起きてシャツを着てもやはりしめっぽかった。調査団委員の一人でリューマチに悩んでいる人は、こんな湿気の多い土地では、ますますリューマチが悪くなるから、自分は絶対に青島には滞在しないと言った。結局、リットン調査団は、七、八月が猛暑の季節にあたることを承知の上で、北京で報告書を作成することに決めた。

われわれは七月、もう一度青島を訪れた。日本から北京に向かう途中の七月十九日のことで、ここに六時間滞在中、陽光がすばらしく照り続けていた。

聖なる山、泰山に登る

北京へ向かう途中、聖なる山泰山にわれわれが足を延ばしたのは、第一回青島訪問のあとであった。はじめ北京から済南を経て青島に行くときは、日陰でも摂氏三十八度という猛暑に苦しめられたけれども、北京への帰途、われわれは聖なる山に登ってみようという気持になった。中国人の友人や、長い間中国に居住する欧州人が、口をそろえて、泰山登山は中国で味わうことのできる、もっとも意義深い経験の一つだと強調したからである。

付近の駅に降りたのは、八時過ぎであった。轎《かご》を準備した大勢の担ぎ手が待機していた。ふつう一人の客に二人の担ぎ手がついた。われわれ調査団中には該当者はいなかったが、とくに体重の重い客には四人の担ぎ手がついた。さらに轎によっては、二人の担ぎ手の他に三人目の担ぎ手が予備についていて、適当な距離にくると、二人の担ぎ手のうちのいずれか一方と交代した。しかし、熟練した担ぎ手は、料金をたんまりもらおうと二人だけで重い荷物を担ぎ通すことにしていた。

十五分後、泰安府に着いた。せまい街路には、先日の雨でいたるところに水溜りができていたので、われわれははじめから足を濡らさないように、轎の上に坐ったままこの町を通過した。

泰安府は四千年の歴史をもつ古い町でとくに印象深かったのは、町の中央には大きな石で舗装した道路が通り、その上にいくつも門がアーチのようにまたがっていたことだ。担ぎ手たちは半分駈け足でこの道路を通った。

いたるところ中国人の町に特有の風景が見られた。門や窓際には老いも若きも人がいっぱいで、とくに子どもがふしぎそうにわれわれをみつめた。道幅は狭いけれども、メインストリートらしい道路わきには、食料品や各種手工芸品を売る商店があった。二十分ばかり経って町を出た。あたりに家が建っていないので、日光はまともに路面に照りつけ、道路は再び乾燥してきた。漢字で「第一の天門」と書いてある古い門をくぐった。轎を降りて歩いたが、なかなか大変であった。上り道は、かならず石段になっていたからだ。

この石段は一番高い所にある門にたどりつくまで全部で六千七百段あるということであった。元来階段を上るのは疲れることだ。とくに登山家のように慣れていないものにとっては大事業である。そこで私をはじめ、ほとんど全員が、道のりの大部分は轎に乗り、ときどき降りて歩いたり、石段を上ったりするという方法をとった。

遂に石段が終わった。その先は一種の隘路になり、さらに天空高くそびえる「最高の天門」まで、所々にある踊り場を除いてあたかも無限に続くような険しい石段が、続いていた。何度も休息し、さんざん苦労したあげく、やっと最後のコースを上った。この山中の長い帯のような石段は、遠方からも眺められた。

五時間後、山上の門をくぐりぬけ、いろいろな建物が立ち並ぶ寺院の境内に入った。さらに三十分もゆくと、天の神を祀ってある寺院が高々と聳える山頂に着いた。周囲が壁に囲まれたこの寺院から、まわりの山々や、まったく水が涸れた二本の広い川に仕切られた大平野を十分に見渡すことができた。

山頂の寺院内には天の神の像があった。境内には長城の建設者秦の始皇帝が泰山に登った時に立てたという何も文字の書いてない柱が立っていた。とくに興味深かったのは、豊饒《ほうじょう》の女神像を祀った寺院であった。この寺には、子どもが欲しい中国婦人たちが大勢お参りした。かたわらの寺院には、婦人たちが自分の生む子どもの模範になるよう、小児の像がいくつも並べられていたが、中国独自の風習に従い、いずれも例外なく男児の像ばかりであった。

このほか南海の慈悲深い女神を祀る寺や、他のいろいろの神を祀る寺院もあった。各寺院の外観はすべて中国独特のスタイルであった。もともと中国の宮殿や記念館はみなこの寺院スタイルを利用していたのだ。

われわれは寺院境内からわき道に出て、いくぶん低い第二の山頂に向かった。この山頂からも美しい眺望が得られた。

途中、孔子がこの泰山に登ったことを記念して立てられたという柱のそばを通った（紀元前五〇〇年）。この柱には、孔子が泰山に登った機会に作ったという格言が書いてあった。その大意は「私にとって大地は征服するには狭すぎる」というのである。案内した幾人かの中国人学者が語るところによると、孔子は標高およそ千五百メートルの泰山を地上最高の山と信じ、次のような趣旨の言葉を述べたという。

「地上のあらゆる尺度は、泰山とくらべると小さすぎる」

われわれは、近くの岩に沿って防壁がつくられているのに気がついた。案内人が語ったところによると、この防壁は中華民国が発足したあとつくられたが、その目的は自殺者を防ぐことであった。岩の下は険しい崖になっていた。そしてこの岩から多くの人が飛び降りて自殺したという。

往時は、重病の両親を抱えた子どもが、親を再び健康にするために、自分の身を犠牲にして自殺しようという誓いを立てた事もしばしばあった。そうした場合、子どもは泰山から飛び降りて、この誓いをはたした。そこで中華民国になってから自殺者が奈落の底まで落ちることのないよう、この防壁がつくられたという。

山を下るのは登りよりずっと短い時間ですんだがそれでも三時間ほどかかった。轎の担ぎ手が、足を踏みすべらすことなど一度もなく、重荷をかかえながら、さっさと石段を下りるさまは見事であった。この辺の住民は貧しく、わずかな土地しか持たなかった。男の大部分は担ぎ人をして生計を立て、娘ざかりの女性はほとんどいなかった。ふつう十四歳位になると女の子を、金欲しさに両親が他の土地に売ってしまうからである。

夕方泰安府を発ち、翌日、六月十二日の昼前北京に着いた。われわれはここに二週間滞在し、会談や情報、資料収集にあけくれた。この第二回北京滞在の有様は、最後に北京に長期滞在したときの記録と合わせて伝えることにする。

六月二十八日午後六時、われわれは満州、朝鮮を経て、再び日本を訪れる旅行の途に就いた。

日本の植民地、朝鮮

六月二十八日午後六時、コンパートメント付の特別列車で北京を出発した。

われわれは山海関にはじまり、海から山へとのびて行く長城の門をくぐりぬけた。列車の前方には装甲列車が走った。また沿線いたるところで「満州国」の警官が警戒し、レールに背を向け、安全装置をはずした銃をかまえ、敵襲に備えていた。幸いわれわれには何事も起こらなかった。列車は背後に山々が連なる大豆と高粱の畑の中を通過した。どの停車場にも日本兵がいて、土嚢《どのう》を積み、有刺鉄線をはりめぐらして、警備にあたっていた。錦州を過ぎ夜になって奉天に着いた。

奉天のホテルでは、私はドイツ留学の経験のある日本人の教授たちと、ドイツ人数人をメンバーとする日独文化協会の会合に出席した。その際、日本の朝鮮総督がとくに提供した朝鮮の国土とその住民を写した映画が上映された。この映画は朝鮮の風景、たとえば険しい山頂で有名な金剛山、仏教の僧院、それに朝鮮人の生活などを収めていた。

翌日午前十一時、われわれは朝鮮に向かう列車に乗った。南に行くとまず、後方に山脈のある大平原が続き、その後しだいに山地に入った。景色は相変らず美しかったけれども農耕に向いている土地ではなさそうであった。山岳にはほとんど樹木らしいものはなかった。車窓からは、高く生い茂った林がまれに見えるだけで、あとは樹木といってもほとんどが藪か立木でしかなかった。

日本人が鉄道を管理しているところはどこでもそうだが、列車は一分も違わず運行した。われわれは朝鮮の首都ソウル、日本式の表現によれば京城にもダイヤ通り到着した。京城駅では、われわれを歓迎する大勢の人が出迎えた。中には長い円筒型の珍しい帽子をかぶった朝鮮の貴人の姿も見られた。この帽子は頭布の上にのせてかぶり、紐《ひも》で顎の下にきちんと結ぶのだ。

われわれは朝鮮総督代理の副総督や、軍民関係の代表者からあいさつを受けた。日本の民間代表者は黒服シルクハット姿で現れ、欧州人も大勢来た。英米仏各国の領事たちや、フランス人の司祭や僧もいた。この朝鮮という、重要な場所で、旅行中はじめて、ドイツの代表者に会わなかったことは奇異であった。

ドイツはソウルに領事館を置いていなかった。日本が朝鮮を占領し、一九一〇年

〔明治四十三〕朝鮮を併合して以来、ドイツの商業、とくに商社の地位は転落した。それ以前には、多額の物資が、朝鮮にあった多くのドイツ商社の手を経て動いていたが、しだいに日本商社が商業全体を占有するようになった。

奉天でも聞いたが、船舶輸送にたずさわるドイツ商社だけは一部残っていた。またイギリス人たちと話し合ったところ、ソウル在住のイギリス人の数もいちじるしく減ったという。門戸開放は口先だけのことで、外国人には入りこむ余地がなかった。ある国の人は、以前にはよく訪れたこの土地に来て、皮肉たっぷりに、「門戸はたしかに開放されているけれども、それは外国人を外へ追い出すための門戸だ」と指摘したという。

われわれは駅から自動車で朝鮮ホテルに赴いた。ソウルは日本人が設計した整頓された都市であった。広い道路、洋式の近代的建物があり、広場、公園、街路には多くの樹木が植えられ、秩序と清潔さが保たれていた。ソウル（この名は一様ではなく、いろいろに発音されており、サウルといっているようにも聞こえる）には日本人は一万二千人おり、白人の数は少なかった。ただ宣教師の数は多く、立派なカトリックの教会堂がこの都市の名物になっていた。

われわれは広い並木道を通り、巨大な総督府に陣取る朝鮮総督を公式に訪問した。

われわれは上階に案内され、宇垣一成〔一八六八―一九五六。陸相・外相〕総督をはじめ、副総督、文官、将校たちに迎えられた。

宇垣総督は理知的な眼差し、精力的な顎をもつ小ぶとりの男であった。彼はこの暑いのに黒い燕尾服を着用し、他の日本人官吏も同じ服装をしていた。だがわれわれは非公式訪問と言われてきたので、白絹地などの夏服で訪問した。

宇垣は総督に就任するまでは軍人生活を送っていた。彼は長い声明文を読み上げ、その中で朝鮮の成立と行政について述べた。また、朝鮮の住民はもともと満州から来たものであること、近年朝鮮人が満州に移住したことを語り、朝鮮人が前政権下の満州で、ひどい扱いを受けたため、これを解決する必要のあったことを指摘した。彼の声明文の中で「満州国」という言葉が一度も出てこなかったことは注目すべきである。

ソウルの街路は広かった。しかし両側の家屋は中国の家屋のように、ほとんどが丈の低い、平屋ばかりであった。家の前やドアや雨戸のあたりに大勢の朝鮮人が立っていた。彼らの衣服を度外視すれば、西欧人は個々の朝鮮人を日本人や中国人から区別することは困難である。それでも全体としての朝鮮人は日本人や中国人とまったく違った印象を与えた。どこに違いがあるかは、はっきりとは言えない。

朝鮮人はモンゴル人種系であり、黒色のこわい毛髪をしている。それにもかかわらず、彼らは日中両国民一般よりは、欧州人的なところがあった。顔つきや態度に示される彼らの全体の感じは、ヨーロッパの労働者街でそのままそっくり見いだすことができる。これに反し、中国の街頭にいる愛想のよい、好奇心に満ちた男女や子どもを見てもこんな考えは起きない。愛想はよく礼儀正しいけれども控え目な、日本人の態度もまったく別物である。

朝鮮人の衣服では白が圧倒的に有力であった。男はくるぶしのところで紐で結ぶ白いひだのついたズボンをはき、労働するときは、ときには膝までしかないたるんだ白ズボン姿であった。上着も白かった。労働者は短い上着、貴人は花のように白い、丈の長い和服のような上着を着ていた。とくに注意をひくのは、前にも述べた円筒形のかぶりものである。私はただ既婚者だけがこの帽子をかぶるということを聞いたが、こうしたいでたちはこのところ流行おくれになってきていた。

実際街頭に出ると、いろいろの形をした麦ワラ帽をかぶった男が多かった。そうは言っても、とくに老人で例の円筒形の帽子をかぶっている者は大勢いた。

髭《ひげ》をたくわえる者が比較的少なかった中国人と比べ、朝鮮人の大多数が髭を生やしていることには驚かされた。それも、たんに頬髯《ほおひげ》や口髭ばかりではなく、顎鬚《あごひげ》はおろか片耳から片耳に続き、さらに胸まで垂れ下がる髭を生やしているものも多かった。

京城帝国大学では、われわれは総長と数人の教授に迎えられた。総長と二人の教授はドイツに留学したことがあり、ドイツ語を話せた。われわれはまずお茶をごちそうになり、ついで数年前建てられたこの大学の発展の歩みについての説明を聞いた。

その後、古代の朝鮮書籍の印刷や文字の見本を見せてもらった。陳列された書籍や他の資料からして、朝鮮ではヨーロッパでグーテンベルクによって印刷術が発明されるおよそ二百年前の十三世紀に早くも一部の本が金属活字で印刷されていたことがわかった(中国で最初に印刷された本はこれよりさらに三百年も古く、十世紀に遡る)。

朝鮮文化がいかに中国に依存していたかは、すべての書籍が中国文字、漢字で印刷されていることからも、はっきりしている。前に訪問した美術館の陳列台や芸術品の説明文も全部中国語で記されていた。もっとも見せてもらった一部の書き物にはハングルつまり朝鮮文字が書いてあった。案内にあたった教授たちの話では、ハングルが使われだしたのは、三百年くらい前のことであった。

京城大学をあとにして、われわれはその統治中に日本の近代化が進められた明治天皇を祀る丘の上の神社に行った。この神社は日本の皇室の祖先、天照大神を合祀していた。神社の入口のある高台からのながめはすばらしかった。ソウルの市街は、どの方向も山々によって囲まれており、とがった禿山《はげ》もあれば、山腹に森が茂る山もあった。

朝鮮総督の祝宴

総督の主催の宴会は洋食で、欧州風のワインの他に、甘い果実酒である赤い朝鮮の地酒も出た。外国からのお客は小さな印刷されたカードをもらったが、それには、この酒がツルチュクと呼ばれ、同名の野ブドウからつくられたものであると書いてあった。

さらにこの小紙片によれば、鴨緑江および豆満江の水源がある海抜二千七百四十メートルの白頭山（長白山）にこの植物が茂っており、大昔から朝鮮人は白頭山の人跡未踏の森を踏み分け、野獣に襲われる危険もかえりみず、ツルチュクを探し求めた。それはこのブドウが万病に効き、これを食べるといつまでも若さと健康が保たれると信じられてきたからであるという。

私はこの酒は味は悪くないけれども甘すぎると思った。だが同席の人々はいずれもむさぼるようにツルチュクを飲んでいた。おそらくいつまでも変らぬ若さを得ようと期待していたのであろう。

食堂では、吹奏楽器と弦楽器によって、交互に古い朝鮮音楽が演奏された。前世紀にできたこれらの音楽の曲名は「一万年の山の静けさ」とか「不変の愛」といったためでたいものばかりであった。だがわれわれの耳には、これらの音楽はいずれもただ長々と哀調を帯びているだけであり、数少ない楽器が同時に演奏されても、西洋音楽でいうハーモニーがなかったので、浅薄で単調に感ぜられた。それでも静かに演奏されたため食卓での会話を妨害しなかったのはよかった。食後、往時李王朝の宴席で披露された古い儀式ばった舞踊が始まった。

まず、百四十年前、宮廷楽師の振りつけた「長生豊宴」(長寿と豊かさの宴)という踊りが始まった。七人の踊り手は、長袖の色とりどりの美しい絹の衣装をまとい、袖からはこれまた色彩豊かな長いリボンがいくつも垂れ下がっていた。この踊りは、ゆっくりとしたテンポで進められた。踊り手は互いに行き交い、礼をしたり離れたり、グループをつくったりした。色とりどりの長袖が旗のように振られるさまは見事であった。踊り手の動きは格式ばっていたもののなかなか優雅であった。

次に仮面舞踊が始まった。聞くところによると、この種の舞踊は今日ではほとんどすたれていた。だが千年前、有名な宮廷舞踊師が振りつけた「東海の龍神」という名の舞踊を見るのは興味深かった。これは当時朝鮮を支配した新羅王朝の宮廷や、後世の支配者の大宴会の際に演ぜられたもので、人間の頭の少なくとも四倍はあろうかと思われる巨大な仮面をつけた五人の踊り手が、彩色した絹の衣装をひるがえして舞った。

仮面は、黒い口髭と以前ドイツで「インペリアル鬚」と呼ばれていたように、下唇の直下にわずかの鬚を生やし、笑顔をたたえていた。

すこぶる精巧な仮面はどれも同じ型であったが、横も後ろも人間の頭そっくりにつくられていたので、踊り手は舞踊中、観客の幻想をそこなうことなしに、横顔や後頭部を見せることができた。この舞踊の動きは、起源が古いためか、仮面が大きすぎるためかわからないが、前の「長生豊宴」の踊りと比べ、いっそう格式ばっており、ゆっくりしていた。

はじめに仮面舞踊の踊り手が登場したときは面白かったけれども、二十分も踊りが続くと、しだいに興味は失われた。珍しいことは何も起こらなかったし、われわれの感じからすれば、ニュアンスもろくにない荘重な動きが長々といつまでも繰り返されるだけだったからである。そういえばはじめの舞踊、二十五分間つづいた「長生豊宴」からもやはり同じような印象を受けた。

つづいて最後の舞踊が始まった。これは七百五十年前、高麗王朝のときにできた踊りで、八人の踊り手がやはり彩色した絹の衣装を着て登場した、「舞いと太鼓」と名づけられたこの踊りでは、朝鮮音楽の柔和な調子が、短い間隔をおいて、一種の太鼓を強くたたくとき生ずる金属的な明るい響きで中断されたためいきいきとした感じが出てきた。この太鼓をたたく楽師は踊り手の傍に立っているが、踊りに合わせて低い音で吹奏楽器を演奏する楽師は、後方に姿を隠していた。この最後の踊りは前の踊りよりはいくらか活発であった。六分間でこの踊りが終わると、観衆は大喝采した。

釜山から日本へ

翌日の七月二日、われわれはソウル発の列車で南行した。いたるところ水田、河川、緑の山丘があった。日本人同行者の説明によると、朝鮮の山岳は日本が朝鮮を併合するまではほとんど禿山ばかりであった。朝鮮人は植林もせずにやみくもに森の木を伐った。朝鮮人がなぜ大量の木材を必要とするかというと、どこの家庭でもきびしい冬の寒さを防ぐための暖房に木材ばかり使うからである。朝鮮の家にはオンドルとよばれる一種の中央暖房がある。つまり火元は居間の外側にあって、熱い蒸気は床下のパイプを通り、結局戸外に導かれる。日本人は、日本の政権が禿山に植林した業績を誇っている。たしかにこれは誇るに足ることだ。そもそも植林は極東では大いなる福祉を意味している。ドイツ政府が膠州湾を領有後この地域に植林したことは、末長く残る功績である。ドイツの先例は、よい手本を示した。ドイツの植林技術が、日本人にとって大いに参考になったことを各方面の人々が証言している。

日本人はまた質量の両面で、朝鮮の稲作を大いに発展させた。だが日本本土における反響はかんばしくなかった。収穫後大量に日本本土市場にもたらされる朝鮮米と内地米の競争のはげしさを本土の稲作農家は痛感した。日本の農業危機は、一時はこれが原因で起こった。

列車は美しい山地を通り一路海岸に向かい、山が直接海に迫っているところもある釜山に着いた。ここからわれわれは連絡船に乗った。船は夜、対馬海峡を通り、日本の港下関に着くことになっていた。日本海海戦で有名になったこの海峡を通る航海は平穏であった。われわれは静かにベッドに横たわっていた。時にわずかばかり揺れるとき、やっと「われわれはいま海上にいるのだ」ということを意識した程度である。日本に着いてはじめて、数日前この地方に暴風が襲い、多くの死者も出たことを知った。われわれは台風の目の中にいたのだ。

七月三日、日曜の朝早く、一八九五年〔明治二十八〕の日清講和条約締結で有名な下関に着いた。われわれは典型的に日本的なこの都市の一部を見物した。下関は人口十万、狭い海峡をへだてた対岸の都市、門司をながめることができた。その後、東京へ向かう列車に乗った。海岸沿いを走る列車の旅はすばらしかった。車窓からは、つねに瀬戸内海が見えた。山の多い島々が浮かぶ青い海上には船がひっきりなしに通っていた。山がせまった入江、緑の丘、その間に家や寺や古城が点在した。緑の水田が森や人家と交錯し合う風景も見られた。列車は山地に入りトンネルをいくつもくぐり抜けた。七月四日朝、東京に着いた。駅には外務次官、陸軍次官はじめ諸官庁の代表者が出迎えに来ていた。

やつれた荒木陸相

七月九日土曜日、予定どおり、病気のリットン卿を除く調査団委員全員と荒木陸相との会談が行なわれた。荒木陸相は、まえに一度案内した部屋にわれわれを招じ入れた。初対面以来、何ヵ月も経っていないのに、荒木将軍は急に老けこんだように見えた。彼はこの前、日本帝国の基盤や日本人の性格を語ったときのような豪放磊落《らいらく》な態度ではなく、どことなく不安そうな面持ちで、時々手にした紙片を見ながらゆっくりと考え深そうに語った。

五・一五事件をはじめ、われわれと会談したあとの一連の事件が、彼にも何らかの影響を及ぼしたのであろう。とりわけ五・一五事件で犬養首相を殺害した者の一味には陸軍の士官候補生も加わっていたからだ。荒木陸相は、長々しい慎重な言いまわしで、満州問題についての日本の立場を述べた。一方、調査団の各メンバーが陸相に質問を浴びせると、彼はやはり詳細に回答した。

リットン卿の病気が回復すると、われわれは内田外相と、二度にわたって満州問題について会談した。あとの会談は七月十四日に行なわれた。われわれがはじめ日本に来たときの討議は、主として満州における日本の権益をめぐって行なわれ、満州を支配する政権の形式をめぐる論議は二の次にされた。

ところが今回の訪日の際に問題となったのは、独立国「満州国」であった。「満州国」はわれわれが最初の訪日を終え、東京を去った一日後の一九三二年三月九日溥儀が執政に就任した〔すでに三月一日建国宣言がなされていた〕。日本の外相や政府代表は、彼らがそれ以来、ジュネーブでも主張し続けた立場、すなわち、『満州国』は民衆の自発的運動によって成立したものであり、したがって、新国家に属する領域には、それ以前の国際的取り決めは適用されない」という立場に固執した。

日本政府は当時まだ「満州国」を承認していなかった。だが新聞報道や他の筋からの情報は、近い将来、日本が承認に踏み切るだろうと伝えていた。事実日本の正式承認は一九三二年（昭和七）九月、われわれ調査団の報告書が公表はされなかったもののすでに作成され、署名された数日後行なわれた。

日本の政情

このように日本が強硬な態度をとった背景は何であろうか。調査団の極東滞在当時の日本の政情から、そのことをさぐってみよう。

いまのところ日本は国家主義一点ばりで議会の各政党もこれを支持している。もともと政党といっても、その相異点は国家主義的立場をどの程度支持するかという度合のちがいにあるだけである。二大政党として政友会と民政党があるが、ドイツの政党になぞらえると、政友会はさしずめもとの保守党、民政党は自由党ということになろう。新党が結成されたが、これは二大政党以上に国家主義的立場をとっている。

陸軍は日本では非常に強力な権力を握っていた。このことは、やつれたりとはいえ荒木陸相がしばしば政治的見解を公表し、しかも陸相の見解が一般に高く評価されていることにもはっきりと現れていた。荒木陸相は青年将校の理想像であり*「荒木将軍が陸相の地位にあるかぎり陸軍は安泰だ」といった信頼感がもたれていた。

だが極東では西欧諸国と比較して、真の実権をだれが握っているかが容易にわからない。たしかに、日本では陸軍が大きな政治的な権力を持ち、荒木陸相が陸軍の理想を代弁する有力な人物とされていることは疑う余地もない。そうはいっても、陸軍の理想を推進し、これを実行に移す原動力がどこにあるかは判然としない。

注意深い観察者は、理想実現に努めている者の中核は、最近、陸軍の最上層部からしだいに下級将校に移っていったと考えている。若い参謀将校や現役将校の動きは非常に活発で、その影響力も強いとみられている。彼らは大地主や中小農家の間に広がっている国家主義運動に大いに依存している。注意深い観察者は、たとえば、一九三一年九月十八日に始まった満州事変の推進者は陸軍上層部でなく、これら青年将校のグループであるとみなしている。いったいだれが音頭をとり、最終的決定を下すのかはともかく、現在日本では陸軍が、外交政策をも含めて、政治に非常に大きな影響力をもっていることだけはたしかである。

日本が内政外交面で過激な行動をとることを望んでいる者の中には、昭和の国家主義運動の支持者が含まれている。彼らは政治、産業、金融などあらゆる面における日本の近代化を不満とし、日本が往時の単純、素朴な国に復帰することを望んでいる。このような国家主義者はしばしば狂信的となり、国賊とみなした政治家や財界指導者をこの世から抹殺しようとする。

暗殺者は、ほとんどが青年である。日本のすぐれた指導者の多くが、これらの若者の手にかかって殺された。浜口首相が暗殺されてからしばらくたった後、われわれ調査団が東京に着く寸前に、尊敬のまとになっていた井上元蔵相が殺害された。われわれが約六ヵ月極東に滞在していた間に、さらに、すぐれた二人の人物が殺された。一人は財界の指導者団男爵、一人は犬養首相である。

日本国民の広い層にいわゆる超国家主義が浸透したため、一般大衆が、国家の存続にとって死活の問題とみなしている事柄について、政治家がとかく軟弱にみえる政策を行なったり、穏健な意見を述べたりすることは、はなはだ危険である。

若い狂信者たちは、これらの政治家は、売国奴であるとみなし、彼らを殺害することが愛国的行為であるという信念に燃えて、一身を犠牲にして暗殺を決行する。また国民世論もこれらの穏健派政治家の退陣を迫るのだ。

私としては、日本の対外政策があまりにも国内政局の動きや、国民世論によって左右されすぎているとの印象を受けた。穏健派は一九三一年九月の満州事変勃発まで日本外交を指導し、またこれに先立つ数年間、少なくとも議員選挙の投票結果にみられるかぎり国民大多数の支持を得ていたが、いまでは自分の意見を述べる機会を失った。彼らは、いまの日本の力関係や国民の気分に即して行動しないかぎり、いつなんどき、襲撃され、暗殺されないともかぎらない。

急進的社会主義や共産主義思想の持ち主には、一般的に公式な意見を発表する可能性はまったくない。たしかに日本の工業労働者の中には多数の共産主義者がいた。しかし共産主義は禁止され弾圧された。共産主義信奉者の中からは政府に正面から反対する声はまったく上がっていない。いったい日本では共産主義から生ずる危機があるのだろうか。

公安当局が、共産主義の動きに絶えず注目し、とくに隣接国からの共産主義の影響をできるだけ遠ざけようとしていることは、この種の危機が皆無とは言えないことを物語っている。

日本がひどい農業危機に悩んでいることによって一九三二年〔昭和七〕の政情は異常に困難になった。一九二九年の世界大恐慌、日本の特別な農業事情、それに朝鮮からの米の輸入が、それぞれどのくらい農業危機の発生にあずかったかについては、はっきりした見解は出ていない。

とにかく、一九三二年日本各地の農業経済は非常な苦境におかれた。政府が援助に乗り出し、議会は危機に直面した農業に借款を与えることを決めた。

日本の経済情勢は円価の下落がつづいたことによっても大打撃を受けた。円は金円としておよそ二ライヒスマルクの価値があったのだが、それが一年間に半分の価値に下落し、なおも転落し続けている。他方円価の下落は、日本からの輸出を増進する効果を生んだ。

東アジアとの貿易が他の諸国で振るわなくなっている間に、日本は、貿易面で大損害を与えた中国人のボイコットにもかかわらず、一九三二年に大いに輸出を振興させた。生産費が安いため、他の国は競争できないという事情によって、日本の工業製品は、西欧諸国にどしどし輸出された。

関東の名勝

東京の日独協会はベルリンの独日協会と対応する。この協会の会長は大久保侯である。ドイツ側理事のグンデルト教授と、日本側の友枝教授が私を協会に紹介してくれた。

設備のよい協会の図書室には、日本の文献と、日本に関するドイツ語の文献が収められていた。まず、中国式の印刷による何巻もある書籍に目を奪われた。これは漢文で書かれた仏教経典を収めたものである。教養ある日本人は、中国語が読めなくても、この種の中国文、つまり漢文を読みこなすことができるが、それは、中国の文字が単なる発音を示すばかりでなく、概念を表わしているからだということを聞かされた。日本人は中国文字に即応する日本の言葉を読むことができる。欧州人にこれをわかりやすく説明すると、アラビヤ数字は英語、ドイツ語、フランス語などで発音はまったく違うけれども、欧州どの国でも読みこなすことができるというのと同じことだ。ここで指摘しておきたいのは、日本の書物の大部分、とくに古典的な書物は、漢文で書かれており、漢字の知識は日本人の教養に不可欠である。

午後、自動車でエルドマンスドルフ氏と横浜へ行った。東京と横浜という二つの大都市はすでに密接に結び合っており、一つの都市から他の都市に移動するという感じはまったくなかった。今後両都市が発展し合併すると世界的マンモス都市になることはたしかだ。東京の人口は二百万、横浜の人口も五十万に近づいていた。

われわれはついに、小さな丘の上の美しい領事館に住むブードマン領事夫妻に迎えられ、その後、同じ丘の上にあるクラブに案内された。ドイツ人が大勢集まっており、そのほとんどがドイツ商社の社長や従業員であった。クラブの会長は、私を会員に紹介したあと、広々として設備がよく、しかも美しいクラブハウスに案内してくれた。

庭に出ると、明るく輝く横浜の町と港の一部の美しい眺めを楽しむことができた。

階段を上り、やや高い所にある東屋《あずまや》に着いた。ここで互いにあいさつが交わされた。故国ドイツと、ドイツ産業のパイオニアである外国勤務のドイツ人とはしっかりと結びついている。

横浜は以前は港湾都市、商業都市として、多くの外国人が住んでいた。だが一九二三年の関東大震災は横浜に東京以上の大災害をもたらした。そこで震災後、外国商社の多くは本拠を横浜から東京に移すようになった。両市の距離からいって、一方に住宅をおき、他方に事務所を開いても差し支えなかった。東京から横浜の中心部まで自動車で四十五分くらいだが、その他列車や電車でもっと早く行く方法もある。一部の商社は京浜地区を去り、大地震の被害がまったくなかった大港湾都市神戸に移った。この夜は他にわずらわしい用事がなかったので、私は多くの同胞と語り合った。私は日独関係はうまくいっており、満足すべきものであるとの印象を受けた。

翌日、私は江ノ島と鎌倉を訪れた。木々の生い茂った小島、江ノ島には遠方からも多くの寺院のあることがわかった。片瀬と江ノ島とは橋でつながっており、橋のたもとまで行く道路の両側には無数の土産店が立ち並んでいた。ここでは玩具、名物の食物、江ノ島にある寺のお守りなどを売っていた。鎌倉では一二五二年に建立された約十一・四メールの背丈の露坐の大仏を見た。ここも参拝客でいっぱいであった。このほか鎌倉では、八幡宮、源頼朝の墓に参った。

その後、週末のとある日、日本の友人に誘われ、美しい緑のただ中にある箱根宮ノ下の有名な富士屋ホテルを訪れた。道中いたるところ、人家、水田、樹木の生い茂った山々がみられた。かなり狭い渓谷の中腹にあるホテルまで行く最後のコースを自動車で走った。箱根の山腹を走る道路はジグザグコースをたどっていた。ホテルは六百から七百メートルの高台にあり、山の傾斜面を利用して、前後左右に建てられ、中の設備もサービスも大変ゆきとどいていた。

料理品目を豊富に並べた英語で書かれた献立表の裏側に、日本と西欧の風俗習慣の相違点が印刷してあった。中にはこんなのがあった。「日本では男が高い地位を占めている。男はドアを先に出て女がこれに従ってゆく。男は先の人力車に乗り、女はあとの人力車で続いて行く」。私は今日でもこの規則が妥当することを、自分の目でたしかめたことがあった。

日本に来て日光を見物しない外国人はないと言われている。初めて日本に来たときも、滞在期間が短かったのにもかかわらず、日本の接待側は日光見物をプログラムの中に入れていた。ところが団男爵の急死でこの計画は実行できなかった。第二回訪問のときには日光訪問は金曜の夜と決められた。翌日の夜、われわれは再度の中国訪問のため東京を発たねばならなかったからである。

一泊後の土曜の朝、われわれは日光のあるホテルに決められた時間に集合し、日光見物を始めた。

見物した場所は神橋、東照宮、華厳の滝、中禅寺湖である。そのうち東照宮は大きさの点から言えば、中国の諸寺院や陵墓と比べれば問題にならないほど小さいが、芸術的にはすぐれた意匠をこらしていた。陽明門、五重塔、宝物殿はとくに見事であった。

中禅寺湖のあたりの風景は、アイプ湖のあるバイエルンの山岳地帯の景色とよく似ており、西洋人にもっとも好まれる避暑地であるという。

七月十六日、われわれは神戸に向かった。多くの日本の友人が見送りに来てくれた。十七日、神戸に着いた。短い時間を利用し、私はドイツ総領事の案内で立派なドイツ総領事館を訪れた。船上では、わざわざ見送りに来てくれた大阪駐在のローデ領事と、オーストリアの総領事と語り合った。さらに大阪商工会議所会頭とも対談した。

彼は、われわれが初めて日本を訪れたとき述べた内容をいっそうくわしく説明し、大阪の対中国貿易についての資料を提供してくれた。十二時、われわれは秩父丸に乗船した。見送りに来た人々がハンカチをふり、テープを投げる中を船は神戸港を出発した。

われわれは再び、画にかいたように美しい島々が浮かび、汽船、帆船、漁船など、ありとあらゆる種類の船が行き交う瀬戸内海を進んだ。背後の水色の山々が内海の光景をさらに美しくしていた。私は、たえず以前に赴任した南海の島サモアを想起した。

航海中の暑さはものすごかった。船室にいると、天井の三つの通風孔からかなりの強風が吹き込んでくるのにもかかわらず、数分後には暑さでへとへとに疲れた。海の風を浴びようとして、デッキに出ても汗をかいた。大気中の湿度がよほど高かったらしい。夜中、船は関門海峡を通過した。翌日、船はすでに外海に出ており、しかも強風が吹きまくったのに、天気のよかった前日同様の蒸暑さがつづいた。それでも夜中に強風を伴う大雨があったので、幾分涼しくなった。

疫病の町

午後一時頃、われわれは青島に近づいた。港内は土砂に埋もれ、一定の大きさ以上の船は、埠頭に着岸できないということであった。私は賜暇で不在の青島駐在ドイツ領事の代理として、わざわざ青島まで来てくれたジーベルト済南駐在ドイツ領事とドイツ商工会議所会頭フランツ氏の出迎えを受けた。

その夜、われわれは列車で北京に行くため青島を発し、翌七月二十日朝、済南に着いた。病気のリットン卿を運ぶための飛行機が済南に着いていた。飛行場の具合が悪いので青島まで飛行できなかったのである。飛行機だと済南から北京まで二時間で行ける。リットン卿は北京に着くと、早速、名医がそろっている有名なドイツ人経営のドイツ病院に入った。われわれ他の調査団委員たちは列車を利用したので、北京に着いたのは夜になった。

ホテルに着くと、フォン・コッツェ氏が、前日の夜コレラのためドイツ病院に運ばれたという不幸なニュースが入った。その後、フォン・コッツェ氏は、半年前ジュネーブで予防接種をしてきたのにもかかわらず、真性コレラにかかったのだということがわかった。しかし幸いにも彼は病を克服し、数週間で健康体にもどり、リットン調査団の報告書作成に完全に協力することができた。

死亡する危険もあるコレラは、中国人ばかりでなく、白人の間にも蔓延していた。われわれのホテルでも、他のホテルでも病人が出た。われわれのホテルにいたある欧州人は、われわれが北京に戻る数日前にコレラで亡くなった。また夫人とともにホテルに住んでいた七十八歳のアメリカ人クロジア将軍もコレラにかかった。しかしドイツ病院のクリーク博士と彼の助手たちの努力でこの老将軍は回復した。

この季節の北京はたいへん暑かった。しかもコレラ禍のため、医者の忠告で新鮮な果物や氷をはじめ、いろいろの食物をとることが禁じられ、北京滞在はいっそうつらくなった。ハエがたかって病菌をばらまくおそれがあるので、パン菓子やママレードまで注意しなくてはならなかった。それでも、われわれは北京で報告書作成に専念した。各章ごとに草案ができあがると全員の承認が得られるまで、何度も会議を開いてその内容を徹底的に討議した。しかし、余暇を利用してわれわれは北京見物もした。

六月に見物した分をふくめ、私は孔子廟、清の乾隆《けんりゅう》帝が建てた塔、博物館、天文台、仏塔、紫禁城、ラマ教寺院などの名所旧蹟を見学した。

孔子廟〔孔子の霊を祠った御霊屋《みたまや》〕参拝は意義深かった。

入口の広間の両側には紀元前十世紀ころの周時代のものとされる石造の太鼓状の円筒が並べられていた。この円筒の上には当時の宰相の手による君主の業績が記されていた。孔子廟の祭壇の中には赤い絹布の幕の背後に漢字で書かれた木製の位牌が納められていた。中国人の同伴者の翻訳によれば、これには「大学者孔子」という文字が書かれていた。周辺のやはり霊廟風の祠の中には、愛弟子を筆頭とする孔子の七十二人の弟子の名前を記した木製の位牌が納められていた。さらに、次の間には多くの中国皇帝が孔子を称えて建立させた巨大な円筒の柱が立っていた。これらの円柱にはいずれも多くの文字が記されており、その多くは長寿を表わす石造の亀の上に鎮座していた。そもそも西欧文化の国々で、このように哲人や学者が尊敬されたことがあろうか？

近くに十八世紀、清の乾隆帝が建立した塔が立ち、まわりには、いずれも防壁にかこまれた小さな池がみられた（今はこれらの池の水は涸れていた）。この塔は周王朝時代の建物を模範としてつくられ、ここで乾隆帝が自ら学問の講義をしたという。その隣に皇帝自ら審査する最高の科挙の試験が行なわれる学問所があった。これらすべての有様からしても往時の中国では、いかに学識者や学問が尊敬されていたかがうかがわれる。

次に興味深かったのはラマ教寺院である。ここには等身大よりはるかに大きい各種の仏像を安置した寺院がいくつも並んでいた。奥の院には、一本の樹木から造った巨大な仏像が安置されていた。案内したのは、黒衣をまとったラマ僧である。しばらくすると、黄色の絹地の衣を着た僧侶が同行した。仏陀の壁画や仏像もあった。中には人間の姿をした怪物を踏みつける仏像もみられた。

ラマ寺院の中ではちょうど祈禱の最中であった。祭壇と仏像の前に置かれた低いベンチに四、五十人の僧侶が坐っていた。近くの席にいた僧侶たちは、黒い鬘《かつら》の上にさらに王冠のような高い冠をかぶっていたので、私ははじめ女性ではないかと思った。他の僧侶はいずれも頭を剃り、簡素な僧衣をつけているだけであった。後方の一角には婦人たちの姿も見られた。

ラマ教寺院(熱河)

僧侶たちはいっせいに低い声で祈禱を繰り返した。これは死者に捧げられる祈禱である。僧侶たちは交代で食事し睡眠をとることもあったが、一人の死者の冥福のために四十九日間、祈禱を続けるということであった。このようなラマ僧たちの祈禱は、単にエネルギーを消耗させるだけのものである。ラマ教が勢力を振るっている外モンゴルでは、民衆がラマ教と性病によって衰弱し、滅亡の危機に瀕しているというが、これは当然のことだ。外モンゴルのひとかどの家庭では、家族の中から男の子が少なくとも一人かならず僧侶になり、その僧侶がぶらぶら暮しても、他の家族全員が面倒をみるというのが、よい慣わしとされている。仏教の創立者仏陀は、彼の深遠な教えがこのように堕落した有様を見たら何というだろうか。

訳注

＊シュネーは青年将校が荒木将軍を支持していることを力説しているが、これとともに皇道派両巨頭の一人真崎甚三郎大将の名が挙げられるべきであった。二人は三月事件、十月事件、五・一五事件、二・二六事件を起こした皇道派将校の精神的指導者とみなされていた。

第六章　帰国の旅

北満のいわゆる匪賊

われわれが北京で過ごした最後の数日間は朝、昼、晩の区別なく会議を続けた。ふつう夕食のため午後八時から九時まで休み時間があるだけであった。九月四日早朝リットン卿が最後まで入院し続けたドイツ病院で報告書の署名が行なわれた。

その直後調査団員の大多数と随員は、インド洋からスエズ運河経由で帰国するため、空路上海に向かった。私はクローデル将軍、ジュブレ博士とともに、満州・シベリアを経て帰国するという、もっとも早いコースをとることにした。

クローデル将軍と私を天津に運ぶ列車は午後四時に出発した。日本人、中国人、その他外国人を含め中国政府代表者や著名人が駅頭で見送ってくれた。われわれに別れの挨拶をするため張学良元帥も現れた。心からなる感謝の気持で、これらの人々と別れを告げた。

三時間後、天津に着いた。ドイツ領事館のヘンゼル領事と、他のドイツ人数人が見送ってくれた。十時頃、再び列車の旅が始まった。四十五分で塘沽《タンクー》に着いた。われわれは二千五百トンの日本汽船に乗船し、しばらくの間、この土地で製塩事業を指導しているフランス人と話し合った。塩は海水からとり、鉄道で中国奥地へ運ばれるが、ここで年間四千万ドルの製塩が行なわれるということであった。

船出は午前二時。海は静かで波風は少しも立たなかった。

九月六日は大連で買物をして、一日を過ごした。翌七日、日本側の吉田参与員と心からなる別れを告げた。彼は専門的な仕事に協力を惜しまなかったばかりか、たえず手助けしようという愛想のよい態度を示したので、みんなから好感をもたれた。

午後三時半、われわれはなじみの深い奉天に着いた。この日の午後、私は荷物の詰め替えでおおわらわであった。長春―ハルビン間の鉄道がいわゆる匪賊の襲撃を受け、鉄道旅行ができなくなったからである（原注　日本人はたとえ、抗日義勇軍や反吉林軍であろうと、鉄道を襲撃するものを一般にすべて匪賊と呼んでいる）。われわれは午後奉天を発ち、その日の夜長春に着いた。大連―奉天間の旅行のときもそうだったが、鉄道旅行には多数の日本兵が同行した。

「満州国」に敵対する軍隊と抗日義勇軍〔パルチザン〕は、このところ数週間、重要地点を占拠しようと努力していた。われわれが奉天に着く一週間ほど前にもこれらのいわゆる匪賊が奉天市内に侵入した。彼らは日本軍と闘ったあと市外に追い出されたけれども、一九三一年九月十八日の事件以来、日本軍に拿捕《だほ》されていた多数の中国軍軍用機の破壊に成功した。

各地の鉄道駅が抗日義勇軍によって占領された。この季節は日本軍にとって、とくにむずかしい問題があった。それは畑に生える人の背丈の二倍はある高粱の穂が彼らの恰好の隠れ場所となり、日本機にとって、効果的な爆撃を妨げたからである。

南満州鉄道防衛のため、日本軍は以前から鉄道沿線両側五百メートル以内での高粱の栽培を禁じてきた。この禁止令は、われわれの通ったコースで、いちおう距離をはかってみたところ、たしかに守られていた。一部では高粱畑は五百メートルを超えるかなたからはじまっていた。

しかしこの禁止令も近代兵器の射程距離を考えれば、安全確保にかならずしも役立つとはかぎらなかった。進行中の列車は常に射撃され、ときには砲撃されることすらあった。多くの死者が出た。とりわけ、夜間レールが狙われて破壊されることを防ぐには、禁止令も役立たなかった。それでも、厳重な警備下におかれたわれわれの旅行中は何事も起こらなかった。

長春からは飛行機でハルビンまで飛び、さらにチチハル、満州里へと向かった。当時、ドイツの新聞をふくめ世界各国の新聞に、クローデル将軍と私の乗った列車が匪賊の手に落ち、われわれも連行されたというハルビンからの電報がかかげられた。幸いこの報道は誤りであった。われわれは日本側の忠告を聞き、とくに準備された飛行機で、すでに長春を出発していたのである。

長春―ハルビン間の鉄道は危険であり、われわれにも飛行機が提供された理由が、数ヵ月後、満鉄の局長でアメリカ人のヘンリー・W・キニー氏が私をベルリンに訪ねて来たとき、はじめて明らかとなった。

キニー氏は九月十日長春からハルビンに向かった。この列車は、ハルビンでシベリア急行に乗り換えるためには、ぜひ利用しなければならない定期列車であった。しかし、われわれはすでにその前日の九月九日、長春から空路ハルビンに飛んでいた。

キニー氏が乗ったこの列車は匪賊の手で脱線させられた。八十人ばかりの匪賊はこの列車が停車しない駅を占領し、しかもこの駅からやや前方のレールをとりはずしていたのだ。機関車と前部二車両が脱線した。キニー氏が乗っていた三両目からあとはレール上に残っていた。

匪賊は銃撃を始めた。警備のため列車に乗っていた日本兵は応戦したが、殺害された。キニー氏は車両の床上に伏せた。間もなく銃火は収まり、乗客は車外に引き出された。一等車に乗っていたのはキニー氏のほかはイギリス人一人だけであった。二人はまず財布の中の金を奪われた。やがて他の匪賊も来て、もっと金を出すよう要求した。キニー氏が銀貨を出すと匪賊はさも軽蔑したように土の上に投げ捨てた。他の匪賊がキニー氏の上着とチョッキをとり、三人目がズボンを脱がせたので、キニー氏はシャツとパンツという姿になった。やがて号砲が鳴った。匪賊は日本兵が来襲したと思って、捕虜を引き連れて立ち去った。キニー氏もほとんど裸のまま、一緒に行進させられた。あたりは真の闇となった。好機が来た。キニー氏は、匪賊の急ぎ足の行進の最中、ヤブの下に隠れたところ、だれにも気がつかれなかったので、そのまま伏せていた。やがて彼は駅まで戻り、さらにハルビンに着くことができた。

北満飛行

九月二十九日、軍用機、民間機がずらりと並んだ長春の飛行場から、われわれは飛び立った。太陽は輝いていたが、空はときどき雲でかげっていた、単発単葉六人乗りの飛行機（フォッカー）が現れ、われわれは「満州国」外相（外務総長）ら各閣僚に別れを告げて、飛行機に乗り込んだわけだ。私とクローデル将軍、ジュブレ博士のほか日本の住田中佐、満州国の中国人代表、それに満州国警察の官吏が同行した。上空から見下ろすと土地は見渡すかぎり耕地であった。各種の穀物、豆類の茂る畑は、上から眺めるとドイツの畑地そっくりであった。もし粘土の壁のある中国人農家の集落や、マッチ箱のように並ぶ中国人の小さな家や中庭が見えなかったならば、北ドイツ平原上空を飛行しているとの錯覚にとらわれたであろう。

はるか右側に山脈が走り平地にくぎりをつけていた。左側は畑地ばかりの平原がどこまでも無限のかなたにまで続いていた。ここにも、この数ヵ月、満州に大災害を与えた大洪水の名残りが見られた。われわれは、洪水で両側に広く氾濫したものの一部ではもとの河川の形にもどった松花江上空を飛行した。

本流からはいくつも支流が流れ、その間に灌木の生えた島があっていわばデルタ地帯をつくっていたことからも、この大河の水位が高まることは、あながち珍しいことではないことがわかった。この年に起こったような、大洪水はもちろんめったになかった。ついにわれわれは巨大な水面のただ中に横たわる大都市ハルビンに近づいた。飛行機は市南部の周辺上空を飛行し、いくらか地面が柔らかくなった飛行場に着陸した。細心な日本人パイロットは、どこに着陸すれば一番安全かをたしかめるため、着陸前に上空をひとめぐりし、その後、飛行機を軟着陸させるのに成功した。

ハルビンから先に飛行すると、しだいに水面から浮き上がっている土地がいくつか見えてきた。やがて、ハルビン南方で前に見たような広々とした畑地が出現し、水面や冠水地はときどき見えるだけとなった。

飛行機は雲の中に入り、千八百メートルの高度に達した。太陽の照りつける雲一つない上空を飛んだわれわれは、眼下に日光を反射する雲の海を見下ろし、ときには地上の光景をのぞくこともできた。

飛行機は前には多少ゆれ動いたこともあったが、この時はしごく平穏に飛行した。下界の土地の性質は変ってきた。草地が大部分を占めるようになり、その間に畑地が現れた。その後再び、畑地が優勢となり、草地はまばらになった。このあたりにも水溜りが残っていた。河水が氾濫した地域では、草地は図柄のある絨緞のように見えた。緑の大地と冠水した灰色の土地が、交互に入れ替わっていたからである。

雲はしだいになくなり、飛行機は六百から八百メートルの高度を飛んだ。われわれは松花江の支流の中でも大きな嫩江の流域に達した。ここでも大洪水があった。巨大な湖のただ中にあるように見えるチチハルに近づいた。ちょうど二時間飛んだことになる。われわれは軍民代表者たちの出迎えを受けた。

チチハルは人口十万の都市で、その住民の大部分は中国人であった。この都市はドイツと同じくらいの広さのある黒竜江省の省都で、省首席もここにいた。チチハルの市街地はふつうチチハル駅とよばれているが、実は昂昂渓という駅名の東支鉄道の停車場から十五キロ離れたところにある。したがって、チチハルの中心街の駅は昂昂渓駅と支線で結ばれていた。

私は中国人官吏の案内で、日本人探偵に伴われ、はじめ自動車でまわったあと、あとは徒歩で市中を探った。チチハルにはコンクリート舗装の広いメインストリートが一本あるきりで、その道路の両側には、丈の低いふつうの中国家屋や商店が立ち並んでいた。その他の道路は、水溜りの中の泥んこ道か、かさかさに固まった土の道で、いずれも自動車で走るのはおろか、歩くのも困難であった。ただ路傍に立つ商店の前だけは石畳のせまい通路になっていた。やがて案内人によれば前黒竜江省首席万福麟のつくったという公園に着いた。

公園には花壇や林のほかに、やはり万前首席が建てた図書館があった。小さな丘の上から、市内やまわりの景色が見えた。一方の土地が完全に冠水していたので、まるでチチハルは巨大な湖のほとりにあるようであった。他方の側に、一部樹木でおおわれた市内の様子が眺められた。低い建物の中国人の街の中に、日本領事館、ソ連領事館、カトリックの新しい教会、発電所などの近代建築が高々と聳えていた。

公園からの帰途、いろいろな商店の前を通った。ある店では一人の中国人が多くの観衆を前に薬の宣伝のため長広舌をふるっていた。案内人はチチハル市内にはとくに見るべきものはないと言った。私は彼に伴われながらメインストリートや傍の道をそぞろ歩きした。実際には、商店や手工業の工房内の有様でも、住民の様子でも、中国本部と少しでも違った点を何一つ発見できなかった。

日本人は住民に対して、新しい支配者として振る舞っていた。チチハルには幕僚部を伴った日本の旅団長がいた。旅団のごく一部が市内に駐屯し、大部分はたえず鉄道を破壊しようとする義勇軍の討伐に向かっていた。日本人は市内の北端部に居住し、彼らの習慣どおり、芸者やお茶屋の施設を運んできた。およそ百人といわれるロシア人の姿も街路のそこここに見られた。

われわれはチチハルを出発し大洪水のあと湖のようになった水面の上空を飛び、さらに川の間に島があるデルタ地帯になっている幅数キロにおよぶ嫩江の上を飛び越えた。嫩江流域も松花江流域と同じような状態になっていた。

その後、約百平方キロメートルの広さのある洪水地域の上を飛んだ。田畑が冠水している有様は悲惨であった。多くの村落や農家が水面下にあった。ときに屋根だけが水面上にとび出している家もあった。あとは冠水地と、前に冠水したがいまは干上がっている土地が斑《まだら》につらなっていた。北西に向かうわれわれの飛行機の両側は見渡すかぎり、陽光を反射して照り映える水面ばかりで、ときどき乾いた土地が見られるだけであった。ついに、あまり洪水の被害を受けなかった地方に出た。畑地、農家や村落が乾いた土地の上にあるのが見えた。

しだいに畑地は少なくなり。その半面、草原が広がってきた。村落の規模は小さくなるばかりか、だんだんとその数が減り、孤立した農家が逆に増えてきた。やがて、第二の洪水地域であるアルグン川流域に来た。ここも湖沼、川の支流とそこに浮かぶ島のある数キロメートル幅のデルタ地帯になっていた。地面は波立つような丘が多くなってきた。畑地は完全に消滅し、ほとんど人の住む気配のない草原が現れた。ただ、渓谷には、そこここに小さな畑をめぐらした農家が点在していた。小都市が鉄道沿線にあった。われわれの飛行コースの大部分はこの鉄道の上空を通ることになっていた。

しだいに高山が出現した。われわれは興安嶺の南部を飛び越えたのだ。山地には小さな森もみられたものの、広い範囲に及ぶ密林はなかった。山岳地帯にはほとんど人家もなかったが、川が流れる渓谷の中には狭い畑地と多少の人家があるようであった。もっとも鉄道沿線には小集落が見られた。

西に行けば行くほど、山の高さはだんだんと低くなった。約千メートルの高度を飛ぶ飛行機から見下ろしたところ、このあたりに人の住む形跡はなかった。山林もなくなった。その代り、陽光に輝く、白樺があちこちに生えていた。丘も低くなり波状の草原が眼下に広がってきた。再び住民がいる様子であった。

まず、白色、褐色、黒色の牛の大群が現れ、草刈りのすんだ草原の随所に乾草の山が並び、ついでモンゴル人の住居が出現した。モンゴル人の円形の小屋やテント、列をなして進む幌馬車を上空から見下ろす風情は、また格別であった。彼らの住居はすべて円形であった。草地の上に随所に見られる円形をみれば、ここにモンゴル人が住んでいるのだということがすぐわかった。

一度だけ地上を進む幌馬車の列を見ることができた。これに水飲場に連れていかれる家畜の大群が続いた。前に上空を飛んだとき人の気配もなかった丘陵地とは対照的に、たくさんの家畜がいるばかりか、モンゴル人の住居もあちこちに見られるこのあたりの風景はまったくいきいきとしていた。

この波状の草原上空を飛行して、私はある一つの考えにとらわれた。それは現代のような航空機時代になると、航空機をもった他国民と闘った場合、遊牧民は爆撃されれば万事休す、ということだ。この地方の遊牧民は爆撃に遭えば、身を隠すことができない。かつては最大の自由を享受し、外国軍隊の攻撃にあうことがほとんどなかった民族——たとえばアフリカのマド・ムラーは前世紀末、けっしてイギリス人に襲われることがなかった——だが、航空機さえあれば必ず確実に捕捉することができるのだ。

その一部が上流ではアムール河に注ぎ、満州とシベリアの国境をなしているアルグン川の支流に沿う中都市ハイラルにわれわれは近づいた。この川も前に見た川と似たような有様となっていた。やはり川幅が広がり、あたりの地域は洪水に遭い、デルタ地帯もできていた。ハイラル市内の多くの道路上にも水が残っていた。

われわれはさらにモンゴル人の遊牧地の上空を飛んだ。土地は波状をなしていた。洪水はあっても、土地が高くなっていたため、あまり遠方まで被害は広がっていなかった。ちょうど四時間の飛行後、赤い屋根の家や、大きな建物がいくつも建っている満州里に着いた。ここはハルビン以後、上空から見下ろした各都市と比べて、はるかに都市らしい体裁を備えていた。

国境の町満州里

われわれはロシア人が管理経営するホテルに泊った。このホテルは客を泊めるだけで食堂がなかった。むろん注文すれば何か食物を作ってくれたが、寝室で食べるしかなかった。われわれは朝食だけをホテルですませ、昼食と夕食は駅構内にあるレストランでとることにした。

このレストランのロシア料理は、盛りつけが豊富で味もよかった。ホテルも多少薄汚いという難点はあったが、サービスは上々であった。私は極東旅行中、一度も害虫に苦しめられたことがなかった。幸い満州里でも害虫の難を免れた。旅行中とくに夏には蚊に悩まされることが多かった。また、各地でハエの襲撃を受けた。だが、日常生活に支障をきたすほど、これらの害虫に苦しめられたという経験はなかった。私は極東旅行中はいつも害虫駆除用の粉末の入った小箱を持参していたが、シベリア鉄道の急行列車の中でもこれを必要としなかったので、結局小箱は蓋をあけないまま国に持って帰ってしまった。

満州里の市街は、まったくロシア風であった。ロシア正教教会が一つあり、感じのよい二階建の家が並んでいた。人口一万人のうち中国人が六千人、ロシア人が四千人おり、そのうち半数は共産政権に反対した白系ロシア人、あとの半数は共産政権を支持したロシア人であった。このほか日本人が百人ほどいた。モンゴル人は市内には住んでいないということであった。この地方のモンゴル人の人口は合わせて六万人と発表されていた。満州里駐屯の兵力としては千五百人の「満州国」軍がおり、国境警備兵は百五十人。そのうち半数が中国兵、半数が日本兵ということである。日本の将校では、軍事使節として少佐が一人いるだけだと、その人自身が私に語ってくれた。私は市内や、美しい花で彩られた小公園を散歩し、南方の低い丘に登ると、長々と波状に拡がる丘陵の中に満州里の町が見えた。町のまわりはいたるところ草原と遊牧地であった。

翌日は北方に歩を進め、一九二九年〔昭和四〕の中ソ戦時代*につくられた塹壕を越え、たっぷり三十分間、羊の群れや草を食む馬の群れを見ながら市の北方にある丘の上をさまよった。中国兵一人と中国服をまとった男が一人私に随行した。この中国服の男は、実は日本人の国境警備隊員だということがのちになって判明した。二人とも私にわかる欧州語を少しも解しないので、互いに意志を伝え合うことが困難であった。

丘の上からは、一部はすでにシベリア領内になっている北方の丘陵地帯を十分に見渡すことができた。この丘の上にも、またその両側にも、一九二九年北方から侵入するソ連軍に備えて、中国兵が掘った塹壕が残っていた。当時、中国兵は退却に退却を続け、ソ連軍は北満州深く侵入し、ハイラル市を占領した。やがて一時的な和平条約が結ばれ、現状維持が実現した。もっともこの紛争を機会に、もともと満州里から三十キロ離れていたシベリアとの国境が、この町から二キロの地点にまで迫ってきた。中国人が伝えるところによると、いまでは、満州里に近いシベリアの地点にソ連は一騎兵旅団と二歩兵連隊をおいているということであった。

その翌日、私は中華料理店とホテルが立ちならぶ中国人街を見学した。商店や手工業の工房の様子は中国本部と少しも変りなかった。町の一隅で、中国人がカルタ遊びにふけっていた。夕方、ロシア人街を散歩していると、ここにも賭場があり、ロシア人や中国人がルーレットゲームに夢中になっているということを聞いた。満州里の市民や町の様子はきわめて平和的であった。ここで戦闘が行なわれることなど予想もできなかった。

だがドイツに帰ってから新聞を読むと、われわれが訪問してから三週間も経たないうちに、中国人の鉄道警備兵が反乱を起こし、満州里を占領したことがわかった。われわれはチチハルから満州里への飛行中、ハイラルの警備兵が反乱を起こしたということを小耳にはさんだが、その真偽を確かめることはできなかった。しかしこれは実際に起こったことで、ハイラルの反乱軍が満州里を占領したもようだ。この事件がもっと早く起こっていたら、われわれは満州里経由の旅行ができなかったろう。その後、日本軍が進出し満州里はじめ東支鉄道全線を確保したということだ。

シベリア鉄道

九月十二日月曜日、われわれは数時間前、モスクワから着いた急行列車が待機する満州里駅に向かった。われわれ、すなわちクローデル将軍、ジュブレ博士、そして私の三人のように満州里からソ連に入った乗客は他にいなかった。シベリアを進行中、アメリカ人が一人乗り込み、その後、各国人が数人乗車してきたが、そのほかの乗客はほとんどソ連の官吏、事務員たちであった。

列車ははじめ満州里付近で見たような、波状にうねる草原を走っていたが、やがて森林地帯に入った。すでに住民はロシア人ばかりとなった。列車は小さな町や村を過ぎ、水や石炭を補給するため、十分から二十分駅にとまることがあった。停車場には列車を見物する人々が集まっていた。車内の設備はゆったりと気持よくできていた。ソ連の鉄道レールのゲージが広いため、車室は他の欧州の国々の鉄道より余裕があった。列車がとまった最初の大都市はチタであったが、午前四時のことなので、あたりは暗く、何も見えなかった。

二日目の朝（九月十三日火曜日）は非常に冷え、古い羊皮の外套を着た人や耳の上までおうフード付オーバーを着た子ども、木綿布を頭にかぶった婦人などが歩く姿が見えた。列車は牛馬の群れが見られる波状の草原を過ぎ、やがて森林におおわれた起伏の多い地方を進んだ。針葉樹林のそばに何本も白樺が生えていた。ときには木の生い茂った山や、小さな湖がある美しい光景が展開した。そこここには畑もあった。カラス麦や亜麻が育つ畑であった。

午後五時、われわれはベルシュヌイディンスクに停車した。二万五千の人口のこの都市は一方には森におおわれた山があり、他方にはブダ川の流れる平原があるという美しい風土の中にあって、町の周辺にはいたる所に丘が見られ、川を利用して搬出される木材が山と積まれていた。以前、川の水位が高まったことがある跡が随所に見うけられた。

この都市は昔の隊商ルートの中心地であった。かつて中国の長江岸の漢口を発し、外モンゴルのウルガを経て、ここまで来た隊商の運ぶ中国茶は、さらにシベリア経由でヨーロッパ・ロシアにまで輸送されたものだ。

駅前に集合した大勢の民衆の中では、ロシア人が圧倒的に多かったが、はっきりとモンゴル人に属することがわかるブリヤート人もいた。彼らの、平べったい鼻、とても細い目、黄色い肌、黒い髪は、まったくロシア人とは対照的であった。ロシアの男女は、ここでは金髪つまりブロンドが圧倒的に多く、それもうすいブロンドから、濃いブロンドまでニュアンスの違いがあった。彼らはいずれも澄んだ眼付をしていた。数パーセントのロシア人は、黒髪、黒い眼を持っていた。男女を問わずこれらの人々の衣服はあまりにも粗末であった。中にはへりに毛皮をつけたマントを着た婦人もいたが、その毛皮たるやまったく古くすりきれていた。隣のレールに出発寸前の客車が入っていた。農民タイプの男女がいっぱい乗っていたが、女たちはほとんど頭布をかぶり、膝までとどく頑丈そうな長靴をはいていた。

列車は、シリンカ川を渡った。川が流れる谷の両側には森のある丘が続いていたが、流れと直角に進む丘の一部は直接河岸にまで突き出ていた。列車は畑、牧場、森林を交互に過ぎていった。夕方七時頃バイカル湖畔に着いた。その岸辺は樹木の生い茂る低い丘にかこまれていた。われわれは大量の木材を運び出す作業の有様を眺めた。列車はバイカル湖岸近くを走ったので、天気が悪いのにもかかわらず、しばらくの間湖面を眺めることができた。この湖がどんなに大きいかということは、列車がその南岸を走るだけでも六時間かかることからもはっきりわかる。しかも湖の南部は、せまい部分である。この湖はもともと西南から北東の方向に長々とのびているのだ。

午前二時頃、われわれはイルクーツクに着いた。

われわれが乗ったいわゆるシベリア急行列車の設備はよく、食物も豊富であった。ソ連のルーブル貨で支払われるのだが、食堂車では一アメリカ・ドルに対し、一・九ソ連ルーブルの比率になっていた。ルーブルの国外持出しは禁じられていた。

広々とした森林の間をなおも進んでゆくと、やがて人家が密集する畑地がしだいに広がってくるのがわかった。午後、列車は人口二万のニジネウディンスクに着いた。

夜間、大都市クラスノヤルスクを通り、九月十五日木曜の午後、針葉樹林のただなかに停車した。ここはオビ川に沿う人口十万の大都市トムスクの南方約百キロの地点にあった。さらに五時間ほど進むと、夕刻、革命前にはニコライエフスクといったノボシビルスクに着いた。トムスク同様オビ川上流に沿うこの都市の人口は二十万人ということで、あたりは暗かったが、大工場や建設中の新工場の姿が見えた。

九月十六日金曜日の午前、大平原のただ中にあり、イルチュシュ河に沿うオムスクにとまった。家屋は果樹のほか、野菜が大量に栽培されている庭園の中に建っていた。アメリカでみられるような巨大な穀物サイロが鉄道の近くにできていた。車窓から見るかぎり、町のまわりは遊牧地で、その先は畑地と森林になっていた。

私は英語がわかるロシア人から、列車がとまった小さな町の駅にかかげられている半分が赤、半分が黒に塗られた掲示板を注目するように言われた。赤い部分にも黒い部分にも人の名が書いてあった。とくに赤い板の方には、ノルマを百パーセント以上達成した人の名が載っているということであった。

このロシア人は、赤板に名前の載った人々はいずれも熱心に働き、業績をあげた鉄道職員であり、一方、黒板に名前の載った人々はノルマ以下の業績しかこなせなかった連中や酔漢であると説明した。

また彼は「この掲示板は大きな効果がある。黒板に名前が書かれた者は、恥ずかしい思いをする一方、赤板に書かれた連中は、熱意が認められたというわけで大喜びする。労働者は一定時間にあげた業績に基づき賃金を支払われる」などと述べた。

夜間、帝政時代にエカテリンブルクといった大都市スヴェルドロフスク〔二〇〇二年現在は旧名にもどった〕を過ぎ、ウラル山脈を越えた。九月十七日の早朝、床をはなれると、われわれはすでにヨーロッパ・ロシアに入っていた。

ソ連の近況

シベリアの駅で見たかぎりの住民たちはまったく苦しい生活をしているという表情をしていた。とりわけ列車の到着や発車を見物するため小都市の停車場にやって来る多くの老若男女の表情は暗かった（原注　シベリア鉄道では全線を通る普通列車が週三往復、われわれが乗ったような急行列車は週一往復となっている)。私は笑ったり、嬉しそうな顔つきで話し合っていた者を見たことがなかった。清潔な制服を着た兵士や鉄道職員をのぞいて、誰もが汚ない服装をしており、その大部分は、これ以上は修繕が不可能のつぎはぎだらけの古着を着ていた。婦人や娘は普通の女性用の上衣代りに着古した男もので形も恰好も悪い粗末な短上着を着ていた。彼女たちはほとんどゴワゴワしたスカートに靴下、長靴をはいていた。うら若い娘たちでも、いささかも着飾って美しくみせようと努めていなかった。彼女たちはただ体をおおい、寒さを防ぐために最少必要限度の衣服を身にまとっているだけという印象を受けた。

シベリア横断の全旅行を通じて、美しく着飾った若い娘を見たのは、ある大都市で一回あったきりである。しかも駅の事務所に出入りしていたところからみると、彼女もどうやら鉄道の女子職員らしかった。もっともわれわれとともに列車に乗ったロシア婦人の中には、優雅とはいえないけれども、身だしなみよく衣服を着こなした者がいないわけではなかった。

ある小駅に着いたとき、降り続く雨の中にいずれも二、三人の子どもを連れた多くの婦人たちとともに貧弱な袋を背負った老人が二人うずくまっているのが見えた。彼らは同じ場所に黙々と暗い表情をして坐り、次の列車に乗せてもらうのを待っている様子であった。彼らは、まったく憮然とした表情をしていた。他の国の人間のことはともかく、彼らの表情と、私が満州で見たロシア人男女の表情とはまったく対照的に違っていた。

ハルビンには八万人ほどのロシア人がおり、その多くは貧しく苦しい生活をしていた。それでもハルビンのロシア人は、シベリアに住むロシア人と比べると、まったく違った、いきいきとした表情をしていた。ハルビンでは、たとえ材料は粗末な衣服を着ていても、とにかく自分を美しく見せる方法を知らないような若い女はいなかった。また、シベリア鉄道沿線に住むロシア人のように、希望も夢もない沈滞しきった者をハルビンでみかけることはほとんどなかった。

この原因は何であろう。すべてを寒さとか貧窮のせいにすることはできない。ハルビンでも同じ苦しみは存在する。私はソ連人は型にはまった仕事場で働かされ、個人的自由は抑圧され、さらに官庁によってたえず統制されていることによって、こうなったのだと説明するしかないと思った。

ロシア人から聞いたところ、シベリアでは七十パーセントの人々が国家が管理する企業で働き、三十パーセントの人々が個人経営の企業で働いているということであった。コルホーズで働く農婦は、駅でニワトリや野菜を売っても、売り上げはコルホーズに差し出さなくてはならない。コルホーズでは、仕上げた仕事の量によって男女労働者に賃金を支払うわけである。われわれがニワトリを買うと、二十ソ連ルーブルかかるが、国家の販売所で買うと、わずか一・九ルーブルですむ（もしここで買うことが許されればという話だが）。駅では卵十個が六ルーブル、シガレットは四・五ルーブルだが国家の販売所ではずっと安い価格で入手できる。

兵士や政府職員が、一般人とは別の物資購入ルートを持っていることはたしかだ。たてつづけに煙草を吸っている連中がいたるところに見受けられるからである。月に百から三百ルーブルの収入では、とてもこんな贅沢はできないはずだ。

しかもルーブル価は、ソ連領内では外国人に対する場合と国民に対する場合とは違った相場がある。また、きびしい禁止令にもかかわらずソ連貨はしきりに海外に流出していた。ルーブル貨は、ヤミ市場では公式相場よりずっと安い価格で取引されていた。いまのヤミ価格は公式価格の二十分の一にすぎないと聞かされた。もちろん、外国からの旅行者としては、規則通りの交換ルートで得たルーブル貨を使う以外に方法はないのである。

ソ連政権はあらゆるものを平準化した。ブルジョアや富農は消滅させられた。しかも平準化は下層の人々にまで及び、すべての住民は生存がやっと可能というくらいの水準にまで引き下げられた。ソ連政府は巨大な工場を次々に建設して、農業の近代化に努め、教育の振興に努力したけれども、住民の大多数は原始的生活を強いられることになった。

それでは、以前にはもっとも貧しい生活をしていた下層の住民が、いくらか生活水準を向上させ得たかというと、シベリアを横断しただけの私のような旅行者が見るかぎりにおいて、そんな事実はなかった模様である。彼らは、昔と同じように、貧乏で抑圧されていた。また、「人類最大の幸福」であるはずの彼らの人格も、ソビエト体制下の一般民衆の間では、疑いもなくゆがめられていた模様である。

あとから調べたところによると、シベリアの住民は、おそろしいほど苦しい時代を過ごさねばならなかった。穀物を強制的に供出させられたため、住民の大多数は貧窮のどん底に落ちた。コルホーズ化も悪い効果を現した。数千人が飢死した。しかもシベリアがいま以上の多数の人口を養える肥沃な土地であることを考えるとき、それだけますます彼らのおそろしい苦しみが痛感される。

ヨーロッパ・ロシアではたしかに住民の生活はシベリアよりはましだという印象を受けた。小さな駅や中ぐらいな駅には、子どもをふくめ大勢の人々が列車見物に来ていた。これらの人々はシベリアの住人と比べると、ずっと表情がいきいきしており、沈滞していなかった。彼らの大部分はシベリア住民のような貧弱ななりをしていなかった。もちろん一番よい服装をしていたのは軍人と官吏である。ときには嬉しそうな様子をした子どもや若者もいた。

だがヨーロッパ・ロシアでも、生活状態がよくないことは私が旅行中買ったドイツ語版の共産党の新聞「ドイッチェ・ツェントラル・ツァイトゥンク」の記事が物語っている。この新聞は、石炭産業はじめ諸産業のいわゆる飛躍的発展についての宣伝のほかに、テロ支配の下におかれた飢餓線上にある各地方の恐るべき状態についてのいろいろな記事を載せていた。それによると、コルホーズの指導員から小麦粉を一度、じゃがいもを二度にわたって盗み、これによって組織的に反ソ活動をしたとされた元富農の娘は、十年間強制収容所に入れられるとの判決を受けた。本来はコルホーズに移住しなければならないのにもかかわらず、特別につくった洞穴の中に身を隠した元富農の息子は、穀物を盗んだばかりか、コルホーズ労働者からベーコンを盗みとろうとした。この青年には死刑の判決が下った。

モスクワからベルリンへ

九月十七日、われわれはソ連領内の森のある丘陵地帯を通った。雨が降り、やがて雪になった。列車は、針葉樹、闊葉樹の入り交じった大きな森の中に入った。濃緑の松葉と紅葉した白樺の葉が入り乱れる風情は美しかった。その後、列車は木々におおわれた丘の間を流れる川に沿って進んだ。集落や村や町がしばしば見受けられるようになった。正午多くの教会があるペルミの町に着いた。この町は蒸気船や大筏《いかだ》が浮かぶヴォルガの支流コマ川に沿っていた。九月十八日、列車は森や畑を次々にあとにして、モスクワに近づいた。

九月十九日、われわれはヴォルガを渡ったが、何といっても上流なので、異常に広い川幅ではなかった。それともあの広々とした長江を思い起こしてそう感じたのだろうか。列車がモスクワ北方の町はずれを通ると、針葉樹林や庭があって、とても美しいと思ったが、市街地に近づくにつれ、工場や輸送施設が次々と姿を現し、ヨーロッパの他の大都市の工業地帯と同様の景色になった。

モスクワ駅では、私は、ドイツ代理公使のトバルドフスキー氏およびファイファー公使館参事官に出迎えられた。以前親交のあったディルクセン大使は休暇でドイツに帰っていた。われわれは、まず市内を通り、イヴァン雷帝が建てた独特のドームをもつ教会と並んで、晴れ渡った空のもと、陽光に輝く美しいクレムリン宮殿の前に出た。その後、私の望み通り、政府の販売所に行った。

われわれの列車に同行したインツーリストの公式通訳の伝えるところによれば、ここでは、外貨を使いさえすれば、あらゆる商品が入手できるということであった。たしかにこの販売所にはルーブルでは買えないが、外貨では売ってもらえる種々雑多な商品があった。たとえば、古い陶器、黄金の装飾のついた絨緞、各種缶詰、キャビアなどであった。販売所には客が多く、しかも外国の貨幣をもって買い物にきたロシア人の男女が大部分であった。もし、商品の価格以上の外国紙幣を出して支払うときには、おつりもその国の金で払うことになっていた。

ドイツ国旗をつけたわれわれの車のあとにGPU《ゲーペーウー》〔国家政治保安部〕の自動車がついてきた。トバルドフスキー氏の語るところによると、この警戒措置は彼を暗殺しようとした事件が起こって以来とられてきたものだ。

当時彼を乗せた車がゆっくりと町角に来ると、突然車の後部の窓めがけて射撃する者が現れ、そのため代理公使は左首筋に怪我をした。トバルドフスキー氏は左手で怪我した場所を押さえると、再び凶漢は射撃し、今度は手を射貫かれた。トバルドフスキー氏が前屈みになると凶漢は車のわきの窓の所に来て、さらに二発撃ったが、幸い命中しなかった。凶漢が代理公使暗殺をはかった動機は、犯人本人の自白によると、ドイツの外交官を殺害することによって独ソ戦を引き起こさせ、ひいてはソビエト支配を終わらせようと考えたからであるという。

午後十時、列車は再び進んだ。翌日午前国境を通過したが、ソ連側国境には有刺鉄線がはりめぐらされ、警備兵の姿も見られた。国境で一旦停車した。ソ連の国境警備兵は、「ソビエトという天国」を脱出するため、ロシア人が列車内にひそんでいないかどうかを調べた。ポーランド領内に入ると、再びノーマルな生活や、ふつうのサービスが始まった。何もかも自由で、商品はふつうの値段で買えた。

九月二十日午前十時、列車はベルリン、ツォーロギッシャー・ガルテン〔動物園駅〕に到着した。

訳注

＊一九二九年七月、中国は東支鉄道を回収したが、ソ連は対中国国交断絶を通告し、北満に兵を進めた。その後、話し合いによってソ連軍は撤収した。

第七章　満州事変と国際連盟

リットン調査団の派遣

一九三一年九月十八日夜、日本軍の満州出撃のきっかけとなった柳条湖事件が発生した。その後三日と経たない九月二十一日、ジュネーブ駐在中華民国の代表は、日中両国間に発生した今回の紛争について、国際連盟に対し「世界平和をおびやかす情勢の発展を阻むため、直ちに何らかの措置をとるよう」要請し、九月三十日、国際連盟理事会は、決議を採択した。それは次のように述べている。

一、日本政府は、日本国民の生命の安全および財産の保護が有効に確保せらるるに従い、日本軍隊を鉄道付属地内に退かしむるため、すでに始められた軍隊の撤退をできるだけ速やかに続けるべく、最短期間内にこの意向を実現することを希望する旨の日本代表の声明を了解する

一、中華民国政府は、日本軍隊の撤退が続き、ならびに中国地方官憲および警察力

が再建されるに従い、鉄道付属地外における日本国民の生命の安全および財産の保護のために責任を負うべき旨の中華民国代表の声明を了解する

一、両国政府が両国間の平和および良好なる了解を乱す恐れのあるいかなる行為をも避けようと切望していることを信じ、両国政府はおのおの事件を拡大し、または事態を悪化せしめないためのいっさいの措置をとるべきであるとの保証を日中両国の代表から与えられた事実を了解する

一、両当事国に対し、相互の通常関係の回復を促進し、かつこのため前記約束の履行を続け、かつ速やかに終了するため、両国がいっさいの手段をつくすべきことを要求する〔これは国際連盟理事会決議の正式な文書そのままであるが、シュネーは意識的かどうかわからないが、国際連盟理事会決議の第一項、「日本が満州において何らの領土的野心をもたない旨の日本政府声明の重要なことをみとめる」を本書で省略している〕

この決議がなされる前の説明で、中華民国代表は、紛争規制の最善の方法は、中立の調査団を満州に派遣することであるという本国政府の意向を伝えた。

一九三一年十月十三日から二十四日にかけ、理事会は改めて満州の紛争について討

議したが、日本代表の反対にあって満場一致の決定を見るに至らなかった。十一月十六日、理事会は再び開かれ、約四週間にわたって、極東における紛争について討議した。そして十一月二十一日、日本代表は調査団を極東に派遣するよう提案した。他の全ての理事会メンバーも、その後の討議を通じ、これを了解した。

一九三一年十二月十日、満場一致の決議が行なわれた。これにより日中両国政府は前述の両国を拘束する一九三一年九月三十日の決議に従い、日本軍隊の鉄道〔満鉄〕付属地への撤退をできるだけ速やかに実現するために必要な措置をとることが要求された。また前回の理事会以来、事態は思わしくない方向に動いていたが、理事会としては両国がともに、これ以上情勢が悪化しないようにあらゆる必要な措置をとる、さらに戦闘が続けられたり、人命の損失が増えたりしないよう努めると保証したことを了解した。さらに、五人のメンバーからなる調査団の派遣が決定された。この調査団は現地であらゆる条件を調査し、日中間の平和をおびやかそうとしている諸原因を理事会に報告することになった。また日中両国は調査団支援のためそれぞれ参与員一人をつける権利が与えられた。さらに、両国間ではじめられる政治交渉は、調査団の管轄下におかれないことや、調査団は軍事的措置をとってはならないことが決められた。

決議を行なうに際し理事会のブリアン議長は、決議の使命は、

一、平和を直接おびやかす事態を終了させること

二、日中両国間の紛争の原因の最終的解決を容易にさせること

この二つであると説明した。ついで議長は調査団は助言、勧告が主任務であることを指摘しながらも、調査団はその枠内では十分な活動分野をもっており、決議の中に示された事態に関しては、あらゆる問題について、自由に考えたとおり理事会に報告できると強調した。

日本代表は決議の受け入れにあたって、留保条件をつけた。それは、日本軍は、匪賊をはじめ満州各地にいる法律の埒外《らちがい》にある不穏分子の活動から日本国籍者の生命財産を守るため必要な措置をとることを妨げられないということである。一方中華民国の代表は、戦闘を直ちに終わらせるとともに、日本軍の満州占領を終了させ、さらに中国の主権を守ることを目的とする一連の注文や留保を行なった。

理事会議長により選ばれたメンバー、アメリカ人一人、ドイツ人一人、イギリス人一人、フランス人一人、イタリア人一人は、いずれも日中両国の同意を得たあと一九

三二年一月十四日、理事会から正式に任命された。

リットン調査団の報告

リットン調査団は、情報を集め、協議をくり返し行なったあと、北京でその報告書を仕上げた。報告書は異議なく作成され、五人の全委員によって、何の留保もなく一九三二年九月四日署名された。報告書は、最短コースを通りジュネーブの国際連盟理事会に提出されたが、事務総長は、できるだけ速やかにこれを印刷させ各加盟国に配布した。この報告書は地図つきの一四八ページにのぼる厚い本となった（原注　これは英語およびフランス語で国際連盟刊行物として一九三二年十月一日、ジュネーブで出版された）。やはり厚い二八〇ページにのぼる付属書は、他の多数の資料、とくに調査団に随伴した専門家の手になる特殊問題に関する数多くの研究を含んでいた（原注　これは一九三二年十一月十五日、英語およびフランス語でやはりジュネーブで出版された）。

ここでは、報告書が打ち出した問題解決のための一般原則と、これに関連する国際連盟への建議だけを伝えておこう。まず十項目にわたる「満足なる解決方法の一般原則」は次のとおりである。

(1)日中双方の利益と一致すること
(2)ソ連の利益に対する配慮
(3)現存の多角的条約との一致(どのような解決といえども連盟規約、不戦条約及び中国に関する九ヵ国条約の規定に合致することが必要である)
(4)満州における日本の利益の承認
(5)日中両国間における新条約関係の成立
(6)将来における日中両国の紛争解決に対する有効なる規定
(7)中国の主権及び行政的保全と一致するかぎりにおける満州の自治
(8)内部的秩序及び外部的侵略に対する保障(地方的憲兵隊の設立、それ以外のいっさいの武装部隊の撤退、関係国間における不可侵条約の締結)
(9)新通商条約締結による日中両国間の経済提携の促進
(10)中国の再建に関する国際協力

前述したように、日中両国政府に紛争解決について直接提議することは調査団の任務ではなかった。そのため調査団は、ブリアン議長が、調査団活動の二つの目的のうちの一つとした、「二国間の紛争にもろもろの提議をして紛争の満足すべき解決を容易ならしめること」のために国際連盟に対する建議を準備した。この建議は、前述の十項目よりなる一般原則に基づき、およそ次のように述べている。

国際連盟委員会は、上述の一般原則に基づく解決策を討議するよう日中両国政府を招待するべきである。両国政府が招待に応じた場合には、協議のための会議が開かれることになる。この会議には日中両国政府の代表者の他に、現地住民から二名の代表が加わるが、そのうちの一人は中国政府の指定、もう一人は日本政府の指定によって選ばれることにする。場合によっては中立国オブザーバーの参加もあり得る。両国の意見の一致がどうしても得られない係争点は国際連盟理事会に提示され、理事会はこれの解決をもたらすため努力する。諮問会議の開催と同時に、日中両国間で、両国それぞれの権益の紛争点について討議することになるが、この場合にも中立国オブザーバーの参加が認められる。これらの討議、交渉の結論は次の四種の文書の中に記録されることになる。

（1）諮問会議の推薦に従い、東三省に特別な行政機関を設立することについての中国政府の声明。中国の主権ならびに中国中央政府の一定の権利の保全、とくに外交政策、租税の統御、郵便行政、塩税面での権利の保全を認めた上で、満州に自治政府が設立されるべきである。この自治政府の首長は、少なくとも一度は中国政府により、この宣言の中に定められた方法に従って任命されるべきである。その後の首長をだれにするかは、同じ方法によるか、あるいは、納得のゆく選挙による方式を用いるべきである。地方憲兵隊をつくるにあたっては外国の教官が協力すべきである。この地方憲兵隊こそ、結局は満州における唯一つの武装兵となるのだ。外国人顧問の数は、自治政府の首長によって決められることになるが、その主要部分は日本人が占めるべきである

（2）日本の権益についての日中条約。この条約によって日本が満州の経済開発に経済統制を受けず自由に参加することが定められる。またこの条約は、治外法権の原則を多少変更し日本人が全満州に居住し、土地を賃借する権利を拡大する。さらにこの条約は日本及び中国の鉄道組織の協力、でき得れば、合体を目的として鉄道問題を規制する

（3）調停仲裁裁判、不可侵および双互援助に関する日中条約

（4）日中通商条約

その後の動き

リットン調査団が報告書を完成した時はまだ「満州国」は日本に承認されていなかった。しかし日本が承認に踏み切る日が近いことはわかっていた。調査団は、すでに現実となってきた事態を見逃したわけではなく、東三省に新しい行政機関ができ活動を始めていることも知っていた。もともと、日中間に長期にわたる相互理解を生じさせるため、日々に発展する情勢に関する調査団の報告をもとにどのような対策を立てていくかを決めるのは理事会の仕事である。それにもかかわらずリットン調査団は国際連盟に建議を提出するのは有益であると判断した。

事実、「満州国」は、リットン報告書が作成されたあと、しかしこれがジュネーブに到着する前に、日本によって承認された。九月十五日のことである。ともかく独立国が誕生し、この国が日本によって承認されたことは、極東の二大国の和解をはかろうとする国際連盟の努力を挫折させた。一方では日本の松岡洋右《まつおかようすけ》代表は日本によって承認された「満州国」独立を頑として主張し、他方では、中国代表の顧博士と顔博士がやはり断固として「満州国」の独立を認めず、東三省での中国の主権を断念しなかったからである。国際連盟理事会および総会での討議にせよ、十九人委員会ならびに小委員会での討議にせよ、どのように両国の和解をはかろうとしても、両国の立場が根本的にちがっていることを確認するということしかできなかった。

一九三二年十一月から一九三三年まで一時中断したが、国際連盟で満州問題が話し合われている間に、日本軍は戦闘の舞台を熱河にまで拡大した。国際連盟は決定を迫られ、連盟が派遣した調査団の報告に基づいて、設置された特別委員会、十九人委員会が作成した和解原案は一九三三年二月二十四日、国際連盟によって勧告案として採択された。

この勧告案は、紛争中行なわれた日本の軍事行動は、自衛行動とは認められない。「満州国」の建国は、自発的な真正の独立運動によるものではないとの見解を明らかにした。またこの勧告案は、満州における中国の主権を認め、日本軍が満鉄付属地以外の満州の地域に駐屯することは中国の主権とは相容れないことを確認し、この地域より日本軍が撤退することを求めた。さらにこの勧告案は、中国の主権と行政を保全した上で満州に自治組織をつくること、またリットン調査団が打ち出した十原則に基づき、その他の諸懸案を解決することを勧告した。それとともに十九人委員会の和解原案に基づく、この勧告案は一九三一年九月以前の「現状維持」を狙ったものでないけれども、満州にある現政権の存在を否定し、これをけっして承認しない。それというのも現政権は現存する国際的な義務に反するばかりでなく、極東平和の基となる日中両国の相互理解を妨げるものであるからであると述べた。したがって、国際連盟加盟国は、今後とも満州の現政権を法律的にも事実の上からも承認するわけにはゆかないであろう。

中国政府は相手国である日本政府がこれを受容するという唯一の条件をつけて国際連盟の勧告案を受け入れた。

これに反し日本政府は連盟の勧告案を拒否し、一九三三年三月二十七日付の電報で、国際連盟規約第一条第三項により（通告の日より二年後）国際連盟より脱退する意向を明らかにした。

その根拠としてこの電報は、中国は組織化された国家ではなく、中国の内部事情や国内の諸関係は極度に混乱し、複雑になっているため異常な例外的な性格を形づくっている。したがって、諸国間の通常の関係を規制する国際法の慣習を中国に適用する場合は、これをかなり変型しなければならないと指摘した。また、日本政府の電報は、

「国際連盟加盟国の大多数はこのことを理解していないし考慮に入れようともしていない。国際連盟によって採択された勧告は東洋平和の維持だけを念願している日本の精神を誤解している。そこで日本政府は、平和政策、とくに極東に持続的平和をもた

らすための原則に関する日本と国際連盟との間の和解できない意見の相違をはっきりと打ち出さなくてはならなくなった。もはや、今後とも協力する可能性は残っていない」
と述べた。

国際連盟によって採択された勧告は、この勧告に基づいて設けられる諮問委員会に協力することを求めて、非加盟国であるアメリカとソ連にも伝えられた。アメリカ政府は、スイス駐在のアメリカ公使が議決権をもたず委員会の会議に参加するという方式で協力の意向があることを明らかにした。これに反しソ連政府は、国際連盟によって採択された諸決定を受け入れようともしなければ、いまのところ委員会に参加することもできないと言明した。

このころ極東では日本軍は、単に満州内で抵抗したもろもろの軍隊を制圧したばかりではなく熱河省も占領するという有様となった。満州内でいまではどの程度小部隊による抵抗が行なわれているかの実情は、事変の当初、実際には、義勇兵や正規軍の敗残兵のことをさすのだが、やたらに匪賊の活動ということが言われていたために、ますますわからなくなってきた。次に行政については、「満州国」官憲は、一九三二年秋までに満州内でたんに民政全般を手中に収めたばかりでなく、従来は南京にある中央政府の管轄下におかれていた関税、郵便それに塩税まで掌握するようになった。

日本が国際連盟を脱退したことは、たしかに連盟にとって大打撃であった。日本はヴェルサイユ条約およびこの条約の構成部分となっている国際連盟規約に署名した四大国の一つであった。この条約にはもともと第五の大国としてアメリカが入っていたのだが、アメリカの立法府（上院）はウィルソン大統領の提案を否認し条約批准を拒否した。そのためアメリカは、はじめから国際連盟には加わらなかった。ところが今度、第二のそして最後の非ヨーロッパ大国が脱落したのである。

ソ連は当然のことながら、はじめから国際連盟の枠外に立っていた。そこでいまだに国際連盟に入っている国としては欧州の列強、英仏伊三国、それに一九二六年以来、加盟が認められたドイツがめぼしいところである。こうなると、欧州以外の地域で事が起こった場合は、満州事変のような重要な国際問題でも、連盟が正しいと認めたことが実行できないわけで、まったくその権威は地に落ちたことになる。

日本はその立場をいかなる場合にも堅持するということをまことにはっきりと表明した。それでいて国際連盟が日本に圧力をかける方法があるとも思われない。最後の手段として連盟の決定を強制するために戦争に訴えようとは、どの加盟国も考えていない。ある種の措置、すなわち日中両国に対し武器の輸出を禁じる措置をとった国はイギリスのみである。ところがこの措置は現下の情勢からして、まず中国が問題となり、日本にはあまり関係がないという事情からしても、国際連盟の決議を実行させるという狙いにはそぐわない。

やがてイギリスは他の列強が禁輸に踏み切らなかったからという理由で、この措置を撤回した。しかもイギリス国内でも各方面から武器輸出禁止令は、するどく批判された。(第一次)世界大戦時代から有名な将軍、ジャン・ハミルトン卿は、注目を浴びたエジンバラにおける学校長会議(タイムズ紙によれば一九三三年三月九日)で、イギリスのとった措置は「バカげた無益なことである」として次のように述べている。

「私としては、多くの人々が、武器の禁輸がいかにバカバカしいかを示す事実、すなわち香港とシンガポールが日本の軍事行動の可能な範囲内にあることを承知しているかどうかを疑っている。一方、日本はこのことを先刻承知している。イギリスは強力な艦隊と航空力を派遣して、はじめて日本軍の奇襲を防衛することができるのだ」

日本軍は一九三三年三月四日、熱河を占領したが、これによって日本軍の軍事行動は終わったわけではなかった。日本軍は、長城に兵を進め、中国軍を破って長城の南側華北に侵入した。中国軍は激しく抵抗した。しかし重砲、戦車、爆撃機などの各種近代兵器を備え十分に武装され、訓練された日本軍は、装備や武器の質からいっても、兵士の訓練の度合いからいっても、とても日本軍のレベルには達しない中国軍を制圧した。

四月になると山海関南方の港、秦皇島と海水浴場北戴河は日本軍に占領された。激しい戦闘が灤河にそって行なわれた。中国軍は大損害を受けたと伝えられた。五月、日本軍は休まず進撃したので、北京、天津の陥落も時間の問題と思われた。世界の各新聞は、早くも日本は華北を分割する意向である、いや日本の力で中国皇帝を再び北京に据えようとしている、とまで報道した。しかし日本軍の進撃は中国の古都北京と、もっとも重要な港湾都市天津の占領までには至らなかった。一九三三年五月三十一日、日中両軍の指揮官の間で、次のような内容の停戦協定が結ばれた。

中国軍は華北の一定線まで撤退する。日本軍は中国軍の撤退が完了したあと、長城線まで撤退する。長城線と中国軍が撤退した一定線の間は中国の警察によって安寧秩序が保たれることになる〔これはいわゆる塘沽停戦協定である。しかし日本軍は長城線と中国軍の撤退線との間に若干の兵力を残し、将来の中国侵攻の足がかりにした〕。

この協定は単に軍事的停戦のとり決めであって政治的な協定とは関係がない。中国代表が一九三三年六月三日、ジュネーブの国際連盟に提出した中国政府行政委員会議長の通告によれば、この停戦協定で中国政府の基本政策が少しでも変ったわけではない。中国は、これまでも遵守すべく努めてきた原則、事実上世界各国から支持されている原則に従って極東のあらゆる情勢に正しく公平に対処しようとしているというのだ。

いまのところ、たしかに日中両軍の戦闘こそ停止されたものの両国とも従来の立場に固執する情勢がつづいている。日本は東四省（満州と熱河省）を中国の他の部分ときりはなした「満州国」の独立を主張し、一方中国はこれら各省を含めた中国の主権ならびに行政的保全を唱えている。極東の問題は停戦だけでは解決されない。今後の成り行きが問題となるのだ。

私としては、日本が長城を越えて進撃したのは、ただ「満州国」の支配を確実にし、中立地帯を設けることによって、華北からの不穏な動きを防衛することだけを意図していると考えている。だが日本が本腰を入れて中国本部に侵攻しようとするなら情勢は変ってくる。日本軍は巨大なる人口を抱える中国内部に入れば入るほど、幾多の困難に直面することになるだろう。前に本書の中で言及したように、中国人は今日でも一家眷属の事柄にだけかかずらわっており、国家主義は一部のエリートだけを把えているだけだが、それでも、もし日本が中国で実際上の支配権を獲得しようとするならば、非常に難しい問題に直面するだろう。

もちろん、十三世紀のモンゴル族、十七世紀の満州族のようにかつて異民族が中国に侵入し、外国人による支配権を樹立したことがないではなかった。また日本も、もし軍事的に卓越した力を持っていたと仮定して、いまから百年前ならば、おそらく中国を征服して、ここに大帝国を建設することもできたかもしれない。しかしこの百年の間にアメリカを含め西欧列強は、極東、とくに中国に大幅に進出した。中国民衆の意志に反し、日本が独占的に中国を支配しようと試みても、単に中国民衆の抵抗に遭うばかりか、中国に利権をもつ各国から反対されるであろう。

たしかに満州問題だけをとると、国によってその重要さに違いはあるけれども、このことだけのためにいまの不安な国際情勢をもかえりみず、あえて困難かつ危険きわまる対日強硬手段に訴える国が出るほど重要なものではない。しかし、中国自体の各国の巨大な利権が問題になってくると話はまったく違ってくる。

いまのところ、中国に利権をもつ国なり、これらの国々の連合なりがすぐ行動に出る兆しはないけれども、将来ははたしてどうであろうかよく考えてみなくてはならない。日本は各方面で偉大な業績をあげてきた。しかし日本が巨大な事業に乗り出し、孤立したまま、全世界を敵にまわすとなると、これこそ危険かつ困難な状況に身を置くことになる。日本歴史、とくに前世紀の明治維新以後の歴史は、日本の政治家がつねに、物事の事情をはっきりと認識し、それによって政策を推進してきたことを示している。今日でも彼らは同じように行動するだろうと思う。中国に進撃することなく、長城線を限界としてとどまり、すでに獲得したものを守ることで満足することを確信する〔日本軍は長城を越えて中国に進撃しないだろうというシュネーの予想は間もなく裏切られた。日中間に小ぜり合いがつづいたのち、一九三七年、日中戦争が起こり、しかも皮肉なことに、シュネーの祖国ドイツも一九三三年にヒットラーが政権を獲得したあと、世界戦争への道を進んでいったのである〕。

訳者あとがき

本書は、Dr. Heinrich Schnee "Völker und Mächte im Fernen Osten――Eindrücke von der Reise mit Mandschrei-Kommission" (Deutsche Buch-Gemeinschaft Berlin 1933) のうち序文、前半のリットン調査団の旅行記のほとんど全文と後半の論文の一部を訳出したものである（後半は満州問題など東亜情勢についての論文集）。原書名を邦訳すると「極東における民族と国家――国際連盟満州問題調査団の一員として行なった旅行の諸印象」となる。

国際連盟は満州事変が起こると満州問題を究明するため英米仏伊独の五ヵ国の代表から成るリットン調査団を派遣した。一行は一九三二年二月東京に着き、その後、日本、中国とくに満州を視察し、北京で報告書の起草に着手し、一ヵ月余りの日時を費やして九月これを作成し、国際連盟本部に送った。

この調査団の団長はイギリスの枢密顧問官リットン卿（当時五十六歳）、フランス代表はクローデル陸軍中将（当時六十二歳）、イタリア代表は生粋の外交官のアルドロバンディ伯爵（当時五十六歳）、本書の著者ドイツ代表は国会議員のシュネー（当時六十一歳）、そしてアメリカ代表はマッコイ陸軍少将（当時五十九歳）であった。

本書の著者シュネーは一八七一年ノイハルデンレーベンに生まれ、サモア、ニューギニアなどで勤務したこともあるが、本来はアフリカ植民政策の権威として知られていた。一九一二—一八年、ドイツ領東アフリカ知事となり、一九二四年からヒットラー政権が成立した三三年まで、人民党代議士としてドイツ国会で活躍した。『世界政策論』『ドイツ興亡論』等の著書もあり、一九四九年六月二十三日、ベルリンで死去した。

シュネーはリットン調査団の他の委員と同じように、実務家であったばかりでなく、きわめて学究的であった。調査団の旅行中も、資料集めに夢中になり、日本、満州、中国、各方面から提供される参考資料に熱心に目を通し、いちいち考え込んでいた。そのため分厚い資料が調査団に提供されるごとに、委員の一人は小声で「またシュネー博士の喜びの種が一つ増えた」とささやいたという。『ドキュメント昭和』（NHKドキュメント昭和取材班編、角川書店、一九八七年）の第八巻「十字架上の日本」には、日本の国際連盟からの決別などが描かれているが、その中で小幡駐独大使が伝えるシュネー評というのが載っている。それによると「その性格、官僚的なることは他の方面よりも聞きこみたるが、本人は日本の対支経略にある程度理解を有するもののごとく、現に日本は人口増殖のため、必然的に支那に対し帝国主義的方策をとるのやむなきしだいを述べおれり」とある。

シュネーは、はたして日本の対中経略にある程度の理解を示したかどうかは後述することにし、まずリットン調査団のあらましについて述べてみよう。

あのころ、満州問題に対する日本側の政界や軍部、それに一般に共通した見方は、満州の権益は日清・日露の二つの戦争で血を流して獲得したものであり、満州は経済的にも国防上の観点からも、日本の重大な生命線であるということであった。さらに日本では、それにもかかわらず中国は条約で認められた日本の権益を無視しようとするばかりか、日本商品ボイコットなど、排外主義的運動を推し進めており、それに中国は十年以上も混乱と無秩序が続き、日本人の生命財産は危険にさらされてきた。したがって、満州事変は、このような状況から身を守るための自衛行為であるというわけである。

このような日本側の立場に海外からも多少の理解が示されたこともあったが、そのうち日本の軍部が満州に独立国家を成立させることは国策上絶対に必要であるとし、錦州を爆撃し、チチハルを占領し、ついに宣統帝を執政として擁立して、「満州国」

を建国したために、日本は国際世論のはげしい非難を浴びることになった。

そのことはリットン報告書の結論の中にはっきりと示されている。もともとリットン報告書は英文一四八ページ、邦訳にして十八万語、全十章のうち八章が一八四〇年のアヘン戦争以来の歴史叙述と事実認定にあてられていた。そして結論としては、

一、一九三一年九月十八日の柳条湖事件とその直後の日本軍の行動は、正当な自衛行為とは認められない

一、「満州国」は住民の自発的な意志によるものではなく、日本軍によって計画され、実行されたものであり、「満州国」の存立自体日本軍によって支えられている

となっていた。なお、報告書は、対日ボイコット（日貨排斥）問題に触れ、

「満州における日本の権益、日本人の居住権、商権は尊重されなければならない。一方が武力を用い、他方が、〝ボイコット〟という経済武器を用いているかぎり、平和は訪れない」

と多少日本の主張を配慮しながらも、次のような事態解決策を示した。

一、柳条湖事件以前への「原状回復」や「満州国の承認」はいずれも問題の解決にはならない

一、外国人顧問（国際連盟理事会が派遣）の指導のもと、広範な行政権をもった自治政府を中国の主権下に樹立する

一、満州を非武装地帯とし、国際連盟の助言を得た特別警察が治安維持にあたる

一、日中両国は相互不可侵、相互援助の条約を締結し、もしソ連がこれに参加を求めれば別途三国協定を結ぶ

ところでこの報告書の起草にあたっては、各国委員の間で意見の対立があったといわれている。中国の参与員、顧維鈞の回想録などによれば、イギリスとアメリカの委員は、比較的中国に同情し、とくに「満州国」の存在をいっさい否定した。これに対しフランスのクローデル将軍は日本に同情的で、満州での現実を認め、そのうえで満州の統治形態に修正を加えるなど日中の妥協点を探ってみようと考えていた。また、

ドイツとイタリアの委員は中立的であったといわれている。最後には各国委員はいずれも報告書に署名したが、そこに至るまでにはかなり紛糾があったことがうかがわれる。

こうしてみると、ドイツのシュネー委員は小幡駐独大使が期待していたように、日本の対中経略にある程度の理解を示すというより中立的、あるいはリットン寄りであったことがわかる。シュネーはたしかに不偏不党を唱えながらも、中国人に平和愛好国民として深い同情を寄せ、他方、日本の侵略活動を手きびしく批判し、将来の日本の行き方をいましめていることは、本書の随所に示されていると思う。

たとえば、シュネーは日中両国の様々な要人に会っているが、その中でも、日本と「満州国」側の人物よりも、中国側の人物により大きな好意を抱いていたらしい。

たとえば日本に着いたリットン調査団は、天皇陛下をはじめ、当時の首相、陸相など日本の多くの政治家、財界人と会見しているが、とくにシュネーの印象に残ったのは荒木貞夫陸相であった。

荒木陸相は、当時五十四歳、一九三一年（昭和六）十二月に陸軍大臣に就任したばかりだったが、シュネーはその印象をまず次のように述べている。「陸相は中肉中背で見るからにモンゴル風の顔つきをしていた。彼は黒い口髭を生やし、眼尻にユーモラスな感じを与える皺がよっていたが、それでも大変若々しく弾力性のある人物に思われた」

次いでシュネーは、日中両国の国民性の違いについての荒木陸相の見解を伝えている。荒木陸相によると、「中国人は日本人ほど苦しみに耐えることのできない弱々しい性格になった」「陸相はある日街頭で通行人すべてに聞こえるように大声をあげて泣く中国人の子どもを見かけた。彼がわけを尋ねると、子どもは両親が夫婦喧嘩をしているからだと答えた。ここで陸相は解説した。日本の子どもなら、こんな振る舞いまでして他人の同情をひこうとはしない。日本の子どもは一人で人にかくれて泣き、悩みを他人にまで訴えるはずはないというのだ」

シュネーはこう述べたあと、荒木陸相が最後に「中国人は無数の粒子からなる砂に似ている。砂は湿気があると短期間で固まるが、乾燥するとすぐにバラバラの砂粒に分離してしまう。これに反し日本人は、水で固めた粘土に似ている。粘土は非常に固く結びついているので、これを分解しようとすれば、打撃を与え完全に粉砕しなくてはならない」と述べたことを伝えている。

シュネーは第五章で「荒木陸相が陸軍の理想を代弁する有力な人物とされている」とも述べている。ともかくこの日中比較文化論からしても、荒木陸相をはじめ日本陸軍首脳部が中国人与《くみ》し易しと見て、満州侵略をはかろうとした傲然たる態度をとっていたことがわかる。シュネーはそのことをユーモラスな筆致で批判していたように思う。

次に一九三二年五月の「満州国執政」溥儀、いわゆるラスト・エンペラーと、リットン調査団との会見記にもシュネーの鋭い眼光が感じられる。

「ヘンリー溥儀執政は、テーブルを前にして立ち、閣僚はじめ役人に囲まれながら、われわれを迎えた。(中略)執政は黒ガラス、黒縁の色眼鏡をかけていた。柔和な顔つきで、唇は厚く、好感のもてる印象を与えた。彼が中国語で読み、通訳によって英語に訳されたスピーチの中で、執政はリットン調査団に挨拶するとともに、『満州国』の理想と目的を述べ、自分は民族協和の原則に基づいて政治を行なうと語った」

調査団が去ったあとの同年九月十五日、日本は「満州国」を正式に承認し、一九三四年(昭和九)三月一日、溥儀は即位して皇帝となったが、調査団と会見した際の溥儀の態度は、いかにも無理やりきまり文句をしゃべらされている「傀儡《かいらい》」という感じがにじみ出ていると思う。

これに反し、シュネーが中国人を見る目にはあたたか味があり、同情がこもっている。

調査団は中国では蔣介石、汪精衛（汪兆銘）、張学良らの要人に会ったが、中でも蔣軍事委員会委員長の印象がシュネーには強かったようだ、彼は「元帥の顔つき全体に敢闘精神があふれているという印象を与えた。彼は褐色がかった緑色の素朴な軍服を着ているだけで、位階勲等を表わす肩章の類を一切つけていなかった」とその外観を伝えたあと、蔣介石が有能かつ活動的な軍人として一般から称賛されており、指揮下にある陸軍が苦戦しているときは、戦場のどこであれ、自ら飛行機で乗り込み、作戦指導にあたったこと、それに将校たちの道徳を向上させようと努めていることを特記している。

この道徳向上の項目の中には、借金をしてはならない、禁酒禁煙、いかがわしい女性と交渉をもってはならない、賭け事をしてはならないなどが含まれており、シュネーは、そのきめこまかさに感心したようである。

のちには偽政府いわゆる新南京政府の主席となった悲劇の人汪兆銘も当時は有能な

行政院長であった。シュネーは汪院長を柔和な魅力的な紳士とみなし、さらに「私はこのような人物から、使徒や殉教者、また場合によっては宗教の創始者が出てくるのではないかと考えた」と述べているが、日本の傀儡政権の主席になるなど、その後の彼の運命を考え合わせてみると、シュネーには予言者的洞察があったとすら思われてくる。

リットン調査団は、北京で三十代に入ったばかりの張学良に会っている。シュネーは、「彼は原稿なしで自由に語り、メモを用いることもめったになく、知性豊かな人物であることをはっきりと示した」と述べたあと、満州事変発生までのいきさつと満州問題についての彼の立場を明瞭に語るのを聞いて感心した。

この他シュネーは武漢付近の大洪水の模様、同地方における共産軍の進出、ハルビン近郊に流賊が出没する有様など、中国一般民衆の苦悩をきめこまかく描いている。それに満州事変、上海事変による戦禍にも深く同情している。たとえば、船で上海に向かう途中の次の簡単な描写にもそのことがよくあらわれていると思う。「あたりが暗くなっても、船が進むにつれ、川の中、および上空からの日本軍の砲爆撃によって完全に破壊された呉淞《ウースン》の市街を眺めることができた。呉淞の廃墟と焼跡は見た目にも痛ましく感じられた」

ところで、この旅行記のいわばふり出しはアメリカであり、あがりはソ連である。満州事変の時代には国際連盟を中心に考えると——アメリカがマッコイ陸軍少将をリットン調査団に加えたことを別として——米ソはいわば局外に立っていたようである。しかしシュネーらが見たようにハワイの真珠湾には、アメリカ戦艦が停泊し、すでにこの頃から極東情勢に敏感に対応する姿勢を示していた。これに反し、シベリア鉄道から窓外を眺めたシュネーにとって、ソ連は経済的には著しく遅れ、沿線の民衆の生活は極度に貧しかった。そうしたこと一つをもってしても、ソ連は当時満州の紛争に介入する意図はないと思った。

ところで前述のリットン報告は、一九三二年十月一日、ジュネーブ、東京、北京でいっせいに公表された。これに基づいて国際連盟は本格的討議を行なったが、一九三三年二月二十四日の総会では、リットン報告書を全面的に採用し、「満州国の承認を一切排除するものなり」などを骨子とする勧告案が四十二対一（反対は日本だけ）で採択され、これでいよいよ日本は国際連盟を脱退することになった。

リットン調査団が日本、中国を訪れてからすでに七十年の歳月が経った。太平洋戦争の敗戦によって日本は平和民主国家になり、一方、中国は中華人民共和国となった。ともあれ柳条湖事件にはじまる満州事変は日本の現代史の原点であったことには変りない。それに奇しくもシュネーが本書を刊行した一九三三年、彼の祖国では、ヒットラーが政権を掌握し、やはり国連脱退、大戦突入という破滅への道を進んだわけだ。ともあれシュネーの筆致は公正客観的であり、当時の国際情勢をうまくとらえていたように思う。最後に本書刊行の機会を与えてくださった出版社の方々に感謝の気持を表わしたい。

なお、本訳書は、最初新人物往来社から一九八八年に刊行されたが、今回講談社学術文庫として刊行するに当たり、若干の訳文追加と字句の訂正を行った。

金森誠也

平成十四年九月

KODANSHA

本書の原本は、一九八八年十一月、新人物往来社より刊行されました。

ハインリッヒ・シュネー（Heinrich Schnee）
1871年生まれ。アフリカ植民政策の権威として知られ，ドイツ領東アフリカ知事，人民党代議士を歴任する。リットン調査団の一員。著書に，『世界政策論』『ドイツ興亡論』などがある。1949年ベルリンで死去。

金森誠也（かなもり　しげなり）
1927年生まれ。東京大学文学部卒業。専攻はドイツ文学。広島大学，静岡大学，日本大学の教授を歴任。ゾンバルト『恋愛と贅沢と資本主義』『ユダヤ人と経済生活』（共に講談社学術文庫）など著書・訳書多数。2018年没。

講談社学術文庫

定価はカバーに表示してあります。

「満州国《まんしゅうこく》」見聞記《けんぶんき》

ハインリッヒ・シュネー／金森誠也《かなもりしげなり》訳

2002年10月10日　第１刷発行
2025年６月４日　第17刷発行

発行者　篠木和久
発行所　株式会社講談社
東京都文京区音羽 2-12-21 〒112-8001
電話　編集（03）5395-3512
販売（03）5395-5817
業務（03）5395-3615
装　幀　蟹江征治
印　刷　株式会社広済堂ネクスト
製　本　株式会社国宝社

ISBN4-06-159567-9

「講談社学術文庫」の刊行に当たって

これは、学術をポケットに入れることをモットーとして生まれた文庫である。学術は少年の心を養い、成年の心を満たす。その学術がポケットにはいる形で、万人のものになることは、生涯教育をうたう現代の理想である。

こうした考え方は、学術を巨大な城のように見る世間の常識に反するかもしれない。また、一部の人たちからは、学術の権威をおとすものと非難されるかもしれない。しかし、それはいずれも学術の新しい在り方を解しないものといわざるをえない。

学術は、まず魔術への挑戦から始まった。やがて、いわゆる常識をつぎつぎに改めていった。学術の権威は、幾百年、幾千年にわたる、苦しい戦いの成果である。こうしてきずきあげられた城が、一見して近づきがたいものにうつるのは、そのためである。しかし、学術の権威を、その形の上だけで判断してはならない。その生成のあとをかえりみれば、その根は常に人々の生活の中にあった。学術が大きな力たりうるのはそのためであって、生活をはなれた学術は、どこにもない。

開かれた社会といわれる現代にとって、これはまったく自明である。生活と学術との間に、もし距離があるとすれば、何をおいてもこれを埋めねばならない。もしこの距離が形の上の迷信からきているとすれば、その迷信をうち破らねばならぬ。

学術文庫は、内外の迷信を打破し、学術のために新しい天地をひらく意図をもって生まれた。文庫という小さい形と、学術という壮大な城とが、完全に両立するためには、なおいくらかの時を必要とするであろう。しかし、学術をポケットにした社会が、人間の生活にとってより豊かな社会であることは、たしかである。そうした社会の実現のために、文庫の世界に新しいジャンルを加えることができれば幸いである。

一九七六年六月

野間省一